夢は必ず実現する

●練成会体験談集

生長の家本部練成道場編

日本教文社

体験談集を出版するに当たり

総務　佐藤悌司

平成十四年九月から本部練成道場（飛田給）に勤務することになってからまだ日も浅い私なのですが、こうして体験集を上梓する機会に巡り会うご縁を頂きましたことを、大変有り難いことと感謝いたします。

本書にありますように、この道場にお越しになる方は皆さん真剣な決意を以て参加なさいます。勿論問題もなく、今の幸せなうちにもっと真理を学ぼうとされる素晴らしく恵まれた方もいらっしゃいますが、多くは悩みや問題の解決を求めてお集まりになられる方々が多いのにも気がつきます。

練成を迎える初日には、この人は変われるだろうかと思うような人にも毎回出会いますが、神様は公平に手を伸ばして下さって、どんな方でも帰る時には「神なる自己」を自覚して、生まれ変わったような明るい表情で、又来ますと元気よく出かけて行かれます。

そのような方々のお姿に巡り会います度にやはりここ本部練成道場は、神のご指導を頂いて運営される尊い「見真道場《いのちのゆには》」であると観じざるを得ないのです。

下村湖人の『論語物語』と云う本の中で、

《冬になってみると、どれが本当の常磐樹《ときわぎ》かがわかる。不断はどの樹も一様に青い色をしているが》

と言う言葉に出会いました。

いざというときにも泰然として実相を把持して生きる事が出来たら、と願いますが、それには不断如何に神様と多く接するかがその答えだと思います。

「いかなる時にも問題は無し」

と言いきれる自分を創り上げておくことこそ本当の救いではないでしょうか。

そのような意味から本体験集に収録されている方々は、真に神を求めた結果貴重な功徳をいただいたわけで、練成会の中で自身が「神の子」と自覚した結果であることは言うまでもありません。

本体験集の中に登場された人たちは、阪田成一前総務が在任中に導かれた人の中から顕著な事例を選ばせて頂きました。前総務の情熱的なご指導の賜と心から感謝申しあげます。

本書は阪田前総務が総本山へ異動されることになったために一時中断していたものを、再度計画をしなおして実現したものであります。

出版に際して阪田前総務はじめ日本教文社の有馬氏、本部練成道場の熊本講師等々の多くの方々のご協力をいただきましたことを紙上をお借りして満腔の感謝を捧げ、本書出版を実現させて頂きましたことを心から感謝申し上げます。

神と一体となる聖域に、今一度お越し下さい。

合掌　再拝

羯諦羯諦　波羅羯諦　波羅僧羯諦　菩提薩婆訶

さあ行こう。みんなで行こう。飛田給へ。神様が待っている実相の世界へ。

【目次】

夢は必ず実現する

——練成会体験談集

生長の家本部練成道場編

C型慢性肝炎を癒され、夢の実現へ

神奈川県　庄司正昭
解説　熊本　司

絶好調の人生が

私は母方の祖母から生長の家の教えを伝えていただき、飛田給の練成にも大学時代何回か行きまして、ああ、いい教えだなとは思ったのです。

大学を卒業して、旅行会社に入りました。仕事は非常に順調で、添乗《てんじょう》部門というところに配属になり、多いときには一年間に二百五十日位海外添乗で飛び回っていました。仕事もすごく順調で、給料も会社の待遇も大変良く、縁があって旅行中に知り合った女性と結婚し、絶好調の時代を送りました。

その絶好調が行き過ぎたようで、自分がすごいんだとうぬぼれてしまったのです。

自分が素晴らしいんで、生かされているとか、そういうことを忘れてしまっていました。早く言えば天狗になったのです。天狗になると落とし穴があり、ボコッと落ちることになってしまうようです。

ある時体調がすごく悪くなり、病院に行きました。町医者でしたが、とりあえず血液検査をして、二、三日後にまた来てくださいと言われ帰りました。

数日後、会社に電話があり、すぐ来てくださいと言うので、行きましたら、急性肝炎です、ということでした。それで病院を紹介するからすぐ入院しなさいということでした。それで入院したのですが、その頃の私の状態は、自分の仕事に対するうぬぼれがありましたし、妻とは不調和の状態が続いていました。入院はしたものの、病状は好転せず、結局半年間で六回入退院を繰り返すことになったのです。

その六回の入退院の間に、また二つのトラブルを頂きました。

大病、離婚、リストラ

肝炎も結局六ヵ月を迎えると、急性が慢性になってしまい、C型慢性肝炎というのは、当時の難病指定の病気でした。

その六ヵ月の間に、別居していた妻と正式に離婚することになりました。

とどめは、九十一年に湾岸戦争がありましたが、その時、各旅行社はかなり影響を受けたのですが、うちの会社は、ヨーロッパ中心でやっていたので、すごい打撃を受けたのです。それで、まだリストラには全然早い年齢だったのですが、C型慢性肝炎で働けないということでリストラに遭ってしまいました。

わずか半年の間に、離婚と難病とリストラに遭ってしまい、すごく悩みました。

その当時の私は、自分に襲いかかった災難の原因を人の責任にして、裁いていたのです。

離婚したのは、妻に理解がないからだ。リストラになったのは、会社が一方的に都合を押しつけたからだ。病気になったのは、C型ウイルスが悪い。入院中も人を裁いていました。

今考えると、人を裁いているから検査の数値が良くなるはずがないのです。通常、肝臓の機能を表す数値というと、GOT、GPTというのがあるのですが、これは大体三〇から五〇くらいの間ですが、私が入院したときは一五〇〇でした。それだけすごい勢いで肝臓の組織が破壊されているということなのだそうです。通常入院すると、その数値は下がっていくのですが、私の場合は下がらないのです。一〇〇〇の上をチョロチョロしているのです。

やっぱり今思えば、「現象は心の影」だということなのですが、心で人を裁きまくっていますので、安静にしていなければいけないのですが、体は静かにしていても、心は「安静」ではないのです。

それで結局、半年かかっても一〇〇〇を下ることが出来なくて、医者が、「庄司さん、入院ばかりで大変でしょう。家で静養してもいいですよ」と言うのです。「入院してもしなくても、あなたの場合は治療方法が良く分かりません」ということなのです。

「でも現象はないのよ」

そう言われて、結局家に帰りました。当時の肝臓の治療というのは、体を横にして、おいしいもの、高蛋白《こうたんぱく》を摂り、気休め程度に胃薬のキャベジンを飲んでいるという感じです。

そんなことでなかなか良くならない。入院中もやることはなかったので、『生命の實相』だけは持って行ったのです。『生命の實相』を読んでいたのですが、人のことを裁いていたので、真理が心に入ってこないのです。

退院しても、不思議とあまり他の本を読もうと思わないもので、やっぱり『生命の實相』を読もうと思うのです。『生命の實相』を読んでいるうちに、教化部があるということを教えられて、神奈川の教化部に行きました。そこで地方講師の先生を紹介していただきまして、その先生の指導を受けました。その地方講師の先生もびっくりされたと思うのですが、伺ったときは顔はもう真っ青でした。服装も、気分的に明るいものを着る気になれなくて、黒っぽいものを着ていったのです。頭を洗うのは疲れるからと、頭は洗わないようにと言われていたので、頭はもうゴチャゴチャで、すごい状態で伺ったのです。

その先生は、私の話を聞いてくださって、「ふーん」とおっしゃって、私は病気を治す方法を教えて下さるものと思っていたら、

「あなた、若いのにずいぶん苦労したのねえ。でも現象はないのよ」とおっしゃったのです。

現象はないと言われても、実際一方的にリストラされて、難病をかこって、離婚をして慰謝料を払ってお金もなくなり、この状態で現象はないと言われても、私には納得できないというのが正直な気持ちでした。

先生も私の気持ちは分かっておられるようで、「そう言ってもわかんないでしょう」と言って、今から言う、三つだけを実行してごらんなさいと言われました。その三つというのは、

先祖供養と、愛行と、明るい心でいる努力、この三つをつづけなさいと言われたのです。

「あなたが、わずか半年でそんな三つのトラブルに見舞われてしまうのは、あなたの徳がなくなってしまっていて、ご先祖様のご加護も届かなくなっているからだ」と教えてくださいましたので、それから夜の八時と決めて先祖供養をさせていただき、普及誌を各家庭に配って回るポスト愛行を始め、明るい心になろうと、笑いの練習を始めました。

笑えない！

先祖供養とポスト愛行はやればよいので、よく分からないまでも、私にはこれしか救われるものはないのだろうと、やっていましたが、明るい心でいることはきつかったのです。やっぱり自分の現状を考えると、笑えないのです。笑いの練習をするのですが、おかしくもなんともない。それでぜんぜん笑うことが出来なくて、ある時鏡の前で笑う練習をしてみましたが、それでも笑えません。子供がやるみたいに自分で豚の顔のマネをしたり、おかしな顔をしてみたのですが、それでも笑えません。

その時、私は落ちたなあと、つくづく思いました。健康でなくなり、お金がなくなり、仕事もなくなり、どん底に落ちて、おまけに笑おうと思ってこんな顔をしてみて、それでも笑えない。私の人生、落ちたなあ、本当に落ちきったなあと、腹のそこから思いました。

ところが面白いもので、本当に落ちたなあと、理屈ぬきで感じたとき、全然違うことを思いついたのです。ああ、落ちきって、お金も、健康も、仕事も、全部なくなったんだけれども、とりあえずは生きているんだなあと感じたのです。生きているということは、生命があるということだから、これからはもしかしたら人生、なんとか上がっていくんじゃないのかなあと感じたのです。それはもう理屈ではなかったです。ほんとに落ちきるところまで落ちたし、どん底まで行ったと思ったし、何にもなくなったなあと思ったときに、人を裁いていた心とか、見栄《みえ》を張っていた心が、そのときになくなったように思ったのです。

それは入院中も、退院してからも、生長の家の教えを少しずつでも勉強し、また練成会にも参加した、分からないまま、反発しながらもし続けたその結果だと思います。

飛田給の練成に参加しても、心がまだ人を裁いていましたから、真理をどんなに説いていただいても、そのまますんなりと入ってこなかったのです。いくら言ってもらっても、「そうかな、そうかな」という気持ちがありました。徳久先生もいらっしゃって、いろんなお話をしてくださるのですが、そうかなあ、そうかなあと思いながら聞いていました。

練成会は宇治別格本山にも行きました。河口湖にも、群馬にも行きました。場所的には、飛田給の方が一番近いので飛田給道場にはよく行ったのですが、なかなか当時の心は納得していなかった。ただ、納得できない、分からないままでも行き続けたということはよかったと思います。頭で納得できなくても、潜在意識には全部入っていたのだろうと思うのです。分からないまでも、講話を一人で部屋で聞いて、「なに言ってるんだ」と思いながらも、聞くだけは聞いていた、それが自分の心の中に入っていたんだなあと思うのです。だからある時期に、「違う、間違っていたのは俺だ。俺の気持ちが間違っている。こんな気持ちだったらいい人生なんか送れっこないよ。そのとおりだよ」とぱっと転換が出来たのです。やはり、違う、違うと言いながらも、飛田給に通い続けたおかげだと思います。

「生かされていた」

何がきっかけであったか、ある時、道場でぼんやりしながらお話を聞いていたとき、フッと感じたことがあったのです。それは、「生きてない」と思ったことです。「生かされてるんだよ」と感じたのです。生きてるんだったら、今ここで十分間息を止められるよな。でも止まんないよな。誰かが、何かが、僕を生かしてくれてるんだよな。とりあえず、死んでないんだから、死んでないということは、まだやるべきことがあるんだよな。使命も、もしかしたらあるんかな。やっぱり生かされてるんかな、と。

誰の講話のときか忘れましたが、道場の後ろ、端っこで聞いていたときに、やっぱり生かされているんか、とフッとそう感じたのです。それまでは、おれが自分の力で生きている、自分が素晴らしい力を持っていて、素晴らしい嫁さんをもらって、いい給料をとっている、そう思っていましたから、「生かされている」と思ったとき、自分がとても謙虚になれたのです。

「生きてるんじゃなくて、生かされているんだ、だったら生かされてるなりの生き方があるんだよな」と、そう理屈ではなく感じることが出来たのです。

そういう話は、先生方は何十回も話しておられるんだろうと思うのです。けれども、機が熟さなければ、そういう気にならないのです。でも、ならないならならないなりに、飛田給練成道場に通い続けたことがよかったのです。

人生は落ちきったけれども、生命だけはあるんだから、これからは上がるだけだと、楽観的に思えるようになりました。それからは、割合簡単に笑うことが出来るようになりました。

笑うことが出来るようになり、先祖供養と、愛行とボッボツ続けていると、面白いことに肝臓の数値が下がってくるのです。一〇〇〇からどうしても下がらなかったのが、八〇〇になり、五〇〇になり、三〇〇になったのです。三〇〇と言っても普通の人なら入院なんですが、私はなにせ一五〇〇ありましたから、三〇〇なら二重丸です。よーし、この調子でいけば私は治るかもしれない、医者は、治らないとは言わなかったけれども、今のところ、現代医学では治りづらい病気なんだと言って、治る人は少ない。完治する人はほとんどいないと言われていました。だけれども、この調子で行けば、おれはまた元気になれるかもしれないという希望が見えたのです。

母も同じ病気に

ところが人生というのは甘くないなあと思う厳しい現実があらわれました。母が病気で倒れて入院したのです。そして検査をして出たその病名が、私と同じ慢性C型肝炎でした。それを聞いたときに涙があふれました。こんなに自分だって苦しいのに、ボッボツであるけれども、検査結果が良くなって、やっと光が見えたのに、よりによって、なぜ大好きな母が同じ病気で倒れなきゃいけないのか。もうこの世の中には、神も仏も生長の家もないと、本気で思いました。

家の中は、私がやっと元気になって明るくなったのに、母が倒れて、一家三人のうち、二人が難病指定患者で寝込むと、もう真っ暗な状態になってしまいました。それで、「もうこれでだめなんだろうなあ」と思っていたのですが、実は、母の入院が私にとって最大の幸運だったのです。谷口先生の本に、幸運と言うのは、不幸の仮面をかぶって来るときがあると書いてありました。

母が入院したときに、病院と言うのは、アンケートを書かせるのです。癌で死んだ方がいらっしゃいますかとか。そのときに母は、自分の次男が慢性C型肝炎で長い間苦しんでいると書いたようです。それを担当医の先生が覚えていて下さって、私がお見舞いに行ったときに、その先生の回診があって、その先生が「あなたが肝炎のお子さん？」と言われるので、そうですと言ったら、どんな経緯で発病して、数値がどうだったか話

してほしいと言われるので、私がそれを話しましたら、驚いたことに、

「ふーん、それなら僕の診療を受けてみる？　治るかもねえ」と言うのです。

驚いたのは、それまでかかっていた病院では、完治する人はほとんどいないと言われていたのに、この先生は、治るかもしれないと言われるのです。そう言うと、

「うん、確かに治りづらいのだけれども、あなたぐらいの若さで、同じような経緯で僕の治療を受けた人が治った人いるんだよね」と言うのです。

それでどうしようかなあと思い、家に帰って神想観を真剣にやりました。真剣に祈りました。それでもこれだというひらめきは何もなかったのですが、どうせ治らないと言われている病気だし、それなら治るかもしれないという病院に、治らなくても元々だからかかってみようかというのが、正直な気持ちでした。

それで母と一緒に入院しました。そこで、インターフェロン療法というのをやりました。二日に一回注射をして、半年間続けるのでした。もともとこれは癌の療法で、副作用がものすごく強くて、吐き気、食欲不振、発熱、風邪の時に節々が痛い症状のときがありますが、あれが体内でインターフェロンが働いている証拠なんですが、おまけに髪

の毛がばさばさ抜けて、本当につらかったです。

私はあまりにもつらいので、もうやめようと思って、母のところへ行くと、当然母は私より年寄りで、私よりきつかったと思うのですが、その苦しさに耐えるようにして、寝ているのです。その姿を見て、息子である私がやめようと言えなかったのです。母の愛というのは、こういうものだなあと、今でも思い出すのですが、まだ母が病気で倒れる前に、

「あなたの病気は、絶対、私が治すから。絶対私が治すから」

と二回言ってくれたのです。母の愛というのはすごいなあと思うのです。自分の体に同じ病気を表して、同じような治療をさせて、なんとしても治そうとしている、その姿を見たときに、母というのは有難いなあと今でも思うのです。本当に本当に有難い母です。

半年間治療をして、退院をして、外来で母と一緒にその先生の診察を受けに行きました。

信じられない結果でした。私のC型肝炎は消滅していたのです。私は「完治したので

すか」と聞いたら、「今の医学では、この段階では完治とは言えない。半年後に検査をして、C型肝炎ウイルスが完全になくなっていて、肝臓の数値が完全であれば完治といえる」と言われました。それで半年後に検査をしてもらいましたら、どこも悪いところはない、ウイルスも見つからないと言っていただきました。それを聞いたときは本当にうれしくて、なんと有難いことかとしみじみ思いました。

波長が合うということ

実は、私が最初に具合がわるくなって町医者に行った時に、紹介状を書いてくれると言ったのは、この私を治してくれた病院だったのです。ところが、この病院に行くには〝開かずの踏切〟があって、わたしはもっと通うのに便利な他の病院へ紹介状を書いてくれと、この先生に頼んで、結局治らなかった病院へ自分で選んで行ってしまったのです。

その当時の私の心境は、人を裁きまくっていて、自分を治して下さる病院や先生と波長が合わなかったのだなと、今は思うのです。それでもボツボツ生長の家の勉強をするようになり、生かされていることや、多くの人のやさしい思いを感ずることが出来るようになると、母の病気という愛を縁として、病気を完全に治してくれる病院へ引き寄せられるようになったんだなあと思うのです。「自分の力で」と頑張っていた頃を振り返ると、当たり前に生活できるというのが、最高に素晴らしいことであるなとしみじみ思うのです。

会社に復帰

こうして完全に治って八年たつのですが、それからもいろいろなことがありました。幸いだったのは、クビにしていただいた会社に復帰することも出来まして、大好きな海外添乗の仕事に帰ることができました。同じ仕事をしていますが、違うのは、以前は、俺が素晴らしい添乗をしてやっているんだと思っていたのが、おかげさまで添乗をさせていただいているんだと思えるようになったことです。また縁あって違う人と再婚も出来、今は元気で生活させていただいています。

今では元気に世界を駆け回る庄司さん

しかし、それでも気持ちが長い間には純粋じゃない時期もありました。去年の五月、妻が横断歩道を歩いていて、トラックに吹っ飛ばされるという交通事故に遭いました。顔面と右足首に大変なケガをしました。それで横断歩道を歩いていて、なんでそんな事故に遭わなければいけないのかと、ものすごく悔しかったのです。家内は、聖経『甘露の法雨』を一緒に読んでくださるし、事故に遭った時も、『甘露の法雨』を持っていたのです。あとでお医者さんに言われたのは、あと少しずれていたら、顔の表情がなくなってしまう、本当に危なかったということでした。足もどうなるかと心配しましたが、聖経法供養と神癒祈願をお願いして、三度手術をして、完全に足の骨が元にもどりました。

いま、日常生活には、全く問題がないというところまで回復しました。

リハビリも二人でやっています。妻と二人で一緒に歩けるとき、本当に幸せです！事故など遭わないほうがいいに決まっていますが、今、普通に暮らせている、それがやはり『甘露の法雨』のおかげであり、生長の家のみ教えを二人で行じているおかげであるなと思っています。

夢の実現へ向けて

私は生長の家のみ教えを知って、本当のことを知ったなと思っています。それまでも、唯物論ではなかったのですが、霊とか魂とかいう存在は信じていました。ただ、そういうのはあるとは思っていましたが、やはり人間自分で生きるんだ。自分で稼いで、自分でお金をもらって、自分で食べていくという考え方だったのが、そうではなくて、物質の奥に、肉体の奥に、霊妙きわまりない生命というのがあって、それに生かされているという考え方に変わって、ものの見方がまったく変わりました。

そしてどんなトラブルがあったときにも、昔の自分だったらトラブルがあったら、なぜ自分がこうして苦しまなけりゃいけないのかということばかり思っていましたが、生長の家の教えを知ってからは、全てのものは我より出でて我に帰る、どんな苦しい体験をしても、肉体にとっては苦しいかもしれないが、生命にとっては必要なことと、それに感謝できるようになり、それを淡々ととらえることができるようになりました。

人生の問題は、受け方によってプラスに変えられることを教えていただきました。

私の夢は旅行業界で最難関といわれている国家試験である〝一般旅行業務取扱主任者〟に合格し、この資格を取得させる学校の講師になることです。講師になり、素晴らしい人材を育て、今までお世話になった旅行業界に貢献したいと思っています。この貢献が出来たとき、今までの私が歩んできた人生が、決して意味のないものではなかったと認められる時だと信じます。

私が庄司さんを始めて知ったのは、平成七年十一月でした。多くの方が体験談を発表されましたが、一番印象に強く残ったのが庄司さんの体験でした。それはC型肝炎にかかっている間に、リストラ、離婚と、人生の奈落の底へ落ちていったのです。病気や会社や別かれた妻を恨んでいたが、『生命の實相』を読み、み教えを学ぶ中に、すべてに感謝できるようになって、肝炎が全快し、入院中に見舞いに来てくれた女性と再婚し、海外添乗という旅行業にも復帰できたという体験でした。

その時の体験談に感激した私は、庄司さんの体験を「神性開発練成会」の講話の中で話していました。そうしたら、再び〝魂のふるさと〟飛田給道場へおいで下さるようになり、ご縁が出来ました。お会いしたら、本当に信仰心が深く、明るい方でした。

今回はC型慢性肝炎治癒と、その後の体験をあわせて、信仰体験を書いていただきました。生長の家のみ教えによって、不動の幸福を確立された庄司さんの体験は、病苦、リストラなどの就職難、離婚などで悩む方々に、明るい希望と勇気を与えてくれるものと確信いたします。

暗黒の世界から一転実業界へ

埼玉県　菊崎晴大
解説　熊本　司

僕は中学を卒業した十六歳から二十一歳までをやくざの世界で過ごし、やんちゃで上の人にも楯突《たてつ》く性格から、その世界の人からも一目置かれていた存在でした。

僕の兄はプロボクサーで、元日本ジュニアウエルター級一位で、世界チャンピオンになった平仲という人とタイトルマッチをやったような人です。講談社から出ている雑誌に、兄と僕を漫画に描きたいという人がいて、ボクサーのノンフィクションを短編に書いたのですが、その中に僕のことが出ているのです。それが中学校の時に、優等生から不良になって、やがてやくざになり刺されるところまで描かれていて、しっかり取材をした事実が描かれています。

私立中学で

父親が、私立の中学へ行きなさいと言って、長男も受験して私立に行っており、僕も勉強をして上を目指したいと思っていたので、東京の私立中学を受験し、いい成績でうかって私立中へ行くことになりました。一年二年まではトップクラスとはいえなくても、クラブ活動もしながら、普通に高校、大学と行けるくらいの成績をとっていました。中二の二学期までは優等生で、誇りをもっていました。

僕は埼玉に住んでいて、東京の護国寺にある中学校へ通学していました。男子校で東京の子が多いので、どうしてもやんちゃになる雰囲気があり、同級生の間ではリーダーだったのですが、一つ上の先輩で番長のような人がいて、中学二年の終りくらいに池袋に呼び出されました。それでグループに入れ、カンパをまわすからお金を持って来いと言われ、僕はそれを「すみません、僕は勉強をしにこの学校に来ているんで、そういう付き合いはしたくないのです」と断ったのです。

その先輩達はタバコをパカパカ吸っていたのですが、たまたまそれを目撃した人がいて、学校にそれを報告したのです。そのことで僕も母も学校に呼び出されました。タバコを吸っただろうと言われたのですが、僕は先輩に言われても吸わなかったし、興味もなかったのですが、先生に信頼されていないんだなと思い、また学校に疑われたことに大変ショックを受けました。思春期だった事もあり、大人に対して不信感を持ってしまったのでしょう。

それと共に先生の見方が変わったのです。そこに足を運んだことで、先生の僕を見る目がものすごく変わってきた。僕はそういうのを敏感に感じる体質で、これは「頭にきた」と思うようになって、中学三年になったら一気に悪い友達と交わるようになったのです。

それからとんでもない一年を過ごしました。とにかくひどかったですね。学校は私立ですから、いろいろなところから来ていて、そんないろいろな所の番長グループと仲良くなりました。自分の学校には行かないで、他の学校に行ったりすることもありました。ある学校へ行くと、始業前にトイレに行ってそこでタバコを吸う。そこにはバケツに水が入れてあって、授業が始まると先生が迎えに来て、そのタバコをかたづける。そんな学校もあって、不良生徒と同じ目線になってくれる学校に、うらやましさを覚えました。

僕の学校からは私立ですので、勉強をしないのであれば、退学してくれと言われて、何人かもう退学になっているのですが、父も頑固でどうしてもうんと言わなかった。僕も教室に行くと授業妨害をするから、別室で個人授業を受けることになり、二学期三学期はそういう授業を受けました。もちろん修学旅行など連れて行ってもらえなかったし、卒業式のときも来ないでくれと言われました。卒業アルバムには載りましたが、兄が卒業証書を取りに行ってくれました。

暴走族からやくざへ

そういう中学生活が終わると、家にいてもつまらない、とりあえず浅草の友達のところに行って、喫茶店で働いて友達のところで寝泊りし始めました。昼間は喫茶店で働いて、夜は暴走族の仲間に入り、仲間とオートバイで暴走をしていました。

暴走族はやくざの予備軍です。暴走族の友達には、お父さんがやくざの人もいましたし、次々とやくざの組織に入っていました。

友達のところにいたのですが、友達の親はなんとも言わないけれども、そのうち友達に彼女が出来る。そうすると自分は邪魔だということを敏感に感じるほうで、それで仲間に連れて行かれたのが、やくざの人が住んでいる部屋と、右翼の事務所でした。

右翼の事務所には二段ベッドが沢山あって、そこでお世話になったのが、斉藤良一さんという方です。その斉藤さんの右翼の事務所のポストに、生長の家の本が投函されていて、斉藤さんはその本を見て、これは素晴らしいと思い、生長の家の本をいつも読んでいる人でした。

非常に寡黙《かもく》な方で、ベッドを使わせてくださいというと、うん、わかった、としか言わない人で、やくざをやめるときも、やはり、うん、わかったとだけ言い、さびしく別れました。

そこでカツ丼を食べさせてもらって、一宿一飯の恩義ということで少し修業をしろということになり、それからやくざの生活に入りました。

やくざの仕事は、シマと言いますが、なわばりを守ることです。だれでも自分のシマは侵されたくないし、少しでも広げたい。そこで喧嘩《けんか》が起きます。出入りと言いますが、その〝修業〟を五年間みっちりやりました。

僕は、ボクシングや空手もやっていましたし、喧嘩で逃げ出さない根性はありました。一般の人ではとても経験できないことでしょう。

僕はやんちゃな性格で、上にも楯突く性格でしたから、目の上のたんこぶみたいに思われていました。十九歳の時が最初で、三回くらい発砲事件に加わっています。組からは喧嘩抗争事件の時には人を殺せと指示されていました。いわゆる特攻隊員で、それでも物は壊しましたが、人を殺したことがなかったことは、今思えば有難いことです。

そうして年とともに力がついたというか、とにかくやんちゃで、言うことを聞かない、出る杭《くい》は打てと言いますが、上の人たちも、もう打てなくなった。組の思惑《おもわく》としては、目の上のたんこぶだけど、抗争事件があったらこういうのは鉄砲玉で使っちゃえということでしょう。それが自分の仕事だと植えつけられてきたし、やっぱり自分しかいないなと、自分でもそれを望んでいました。根性だけは誰にも負けないという自負があり、僕よりひと回りふた回り上の人が、僕に気を使うような状態でした。あと三年もいたら、僕はもうこの世にはいなかったか、生きていたとしても十数年は塀の中だったでしょう。

その根性だけは組も認めていて、僕が四十歳位の兄貴分に楯突いたとき、その兄貴分が逃げ出したということがありました。当然の責任だと思って、指を詰めますと言ったら、組長は詰めなくてもよいと言って、逃げ出した兄貴分を破門にしたということもありました。

やくざをやめる

二十歳のときに、僕が原因の抗争事件があって、その喧嘩のとき、僕の拳銃を何かのはずみで仲のよかった兄貴分に渡して、その兄貴分が拳銃を撃ったのです。もともと原因は僕にあったので、自首して出るのは僕のはずだったのですが、その兄貴分が自首することになった。その時の抗争事件は、七人で行って拳銃が一丁あった。それを相手側が、人は七人で拳銃が三丁あったと違ったことを警察にしゃべったので、三人自首して出ることになったのですが、主犯が二十歳で、二十三歳と十七歳の初犯者じゃ警察が納得しないということになり、「じゃあ、菊崎は残してくれ」と、二十七歳の兄貴分が自首して行くことになったのです。

その頃から考えることもあり、二十一歳のときに子供が出来て、「こんなことじゃ、しょうがないな」と思うようになり、やくざの世界をやめる決意を持ったのです。

しかし、やめるにあたって当然いろんなことがありました。以前逃げ出して破門になった兄貴分のことを話しましたが、その弟分に柳包丁で右の太ももをグサッと刺され、出血多量で危なかったこともありました。そんな大怪我をしたときも、刺した男を追いかけようとしていたほどやんちゃでしたが、組長のオヤジさんに「菊崎、早く病院へ行け！ 行かないと死んじゃうぞ」と言われ、ネクタイで縛って病院へ行き、右足の表と裏を二十五針ずつ、五十針くらい縫ったそうで、意識が一時なくなっていました。意識がなくなっていく中、死を覚悟しました。

そういうこともありましたが、いったん自分が破門になったら、他の組に行くようなことはしない、というのが僕の性格でした。その組とははっきり切れたのですが、なかなかスンナリ堅気《かたぎ》の生活にというわけでもありません。僕の代わりに警察に自首してくれた兄貴分が出所してきて、僕が堅気になったことを知ると、兄貴分も二年くらいで組をやめて、その兄貴分に義理を尽くすというか、一緒に一派を作ろうぜと、またいろんなことをやっていました。そんな時にC型肝炎になりました。

C型肝炎

その頃斉藤さんは僕よりも早く更生されて、僕が逮捕されて刑務所に入っているときや、入院したときには、生長の家の本を持ってきてくださっていました。最初に持ってきてくださったのは、『生命の實相』の第一巻で、でも、僕はほとんど読まなかったのです。

C型肝炎は、かなり重く、仕事が出来ない、悪いことも出来ない。悪いことが出来ないのはいいのですが、家で寝ているか入院をするかという時に、インターフェロンの治療が効くということになって、入院をすることになりました。そういう時に斉藤さんは『大調和の神示』講義　無病・常楽の生活』というカセットテープを持ってきてくださいました。その時言われたのが、飛田給の練成会へ行けば治るというのですが、病院との約束ごとがあり、それは無理ですと言うと、谷口雅春先生のテープを置いていってくださり、治療中はずっとそれを聞いていました。

約三週間治療を受けて、二十何人か治療を受けて、半年後に結果が出るのです。抗癌剤みたいな治療で、それが終わったときにはウイルスが消えているのですが、半年たって消えていれば大丈夫なのですが、その時消えていたのは僕だけでした。

とくにドクターには、「この治療は国から無料で二回だけ受けられる。ただこの治療方法ははじめてやる治療だから、まず効かないと思ってくれ。おそらくだれも治らないだろう。とくにあなたの場合は重度だから」と言われていました。

それが治っただけでも奇蹟なのに、治ってしまえば、まあいいやということで、また悪いことをしました。次男がお腹の中にいる時に逮捕されて、その警察に病院から検査をつづけてくれと電話がかかってきました。しかし、そんなことが分かってしまえば、医療刑務所に入れられてしまうので、それではたまらんと、元気バンバンだと強がって見せたのですが、二年くらい刑務所に入っていて、出所してから病院へ行って検査したら、大丈夫だと言われました。

ここから僕の更生の人生が始まるのです。

しかし簡単には縁は切れないもので、「もう一度やろう」と言って来る人もいるのですが、生長の家の教えを伝えてくれた斉藤先生に相談しました。どうやって縁を切れるか、そのためには、仕事をするしかないということです。仮釈放で出ることが出来た時、その条件は親元で大工仕事をするという保護観察ということになり、父母が迎えに来てくれたのです。その次の日から働きました。母は、「しばらく休みなさい」と言ってくれましたが、父に「仕事をさせてくれ」と言って、仕事を始めました。

そうしていると、刑務所から出てきた仲間が、「出てきたぞー」と言ってやって来る。縁を切るのが大変でした。どんな人でも一人ひとり見ればよい所があり、自分の気持ちの揺れ動きも多少はありました。

父

父はいい人なんですが、職人で偏屈《へんくつ》なところがあって、憎《にく》めないのですが、怒ると怖い。だから子供の頃からハイハイと聞いているのですが、爆発すると、親父も手を上げる。それが当たり前の時代だったのですが、僕もつかみかかって行ったし、そういうことで父との関係が悪くなっていきました。僕が非行に走ったとき、「お前は馬鹿じゃないんだ、友達が悪いんだ。そんな奴と付き合いするな」と言い、「私立の学校に入れたのに、何でそんなことをするんだ、お金かかってるんだぞ、お金が」とお金のことまで言われて思春期の僕にはちょっと父の気持ちを理解できませんでした。

仕事を始めてからも、しばらくして独立しました。親父と何かあったわけではないのですが、親父に頼んで独立させてもらいました。とにかく大晴工業と言う会社名で独立させてもらって始めたのですが、上会社の番頭と金銭やいろいろなことでうまくいかないのです。そこで斉藤先生に相談したのです。先生は、「お父さんと和解が出来ていないからうまくいかないんだよ。上会社の人は、家で言えばお父さんなんだ。だからお父さんと仲良く行かない人が上会社の仕事をしてもうまくいかないんだよ」と「すぐお父さんと仲直りをしなさい」と言われて、すぐその足で親父のところへ行き、頭を下げてわびると、親父もやっと分かってくれたかという感じで、それから仲良く行くようになりました。

思えば、中学を卒業してやくざの世界に入った頃、十六から二十歳までは親にはそういう組織だと伝えてありますので、親もうかつに手出しも出来ないし、会えないのです。

しかし少年院に入ったときには、そういう組織から離脱させられ、面会も当然親、兄弟しかできないので、毎月来てくださいました。久里浜にある少年院でしたが、やはり心配なんでしょう、親父はオートバイに乗って、毎月来てくださいました。やくざの世界とはその時は切れていなかったのですが、彼女もいましたので、彼女を連れてきてくださったりしました。

出所するときは、やくざと切れなくてはいけない。それで「今度出所になります、やくざをやめます」ということで親父が迎えに来てくれるのです。ところが一キロくらい行ったところで仲間が待っているのです。そこまで親が連れてきてくれて、そこから一緒に浅草まで来て、ご飯を食べて、「お父さん、今日はご苦労様」ということになるのですが、その時の父親の目が、悲しそうな目でした。せっかく自分が一年間通って、やっと出ることが出来たのに、と言う思いが溢れていました。それでも何も言うことが出来ない、つれて帰りたいのにどうにも出来ない自分、その悲しさが目に表れていて、その悲しそうな目をいまだに覚えています。

飛田給へ

更生して何年かたって、仕事も少しずつ伸びてきて元気が出てきたな、というようなとき、斉藤先生に、

「練成会に行かなくてはだめだ。これから勉強する上で、かけがえのない十日間を経験してきなさい」

と言われ、必ずいいことがあると言われ、その時は、職人の人間関係でいくつかの問題を抱えていたのですが、それらを全て忘れて十日間やってみようと思い、携帯電話も切って練成を受けました。

今はまじめに生活していても、昔は人殺し以外は全部やった私ですから、昔自分が痛めつけた人間がどう思っているのかなとか、俺だけこうなっていいのかなとか、昔の仲間に対して悪いということもあり、そういうことを考えると、昔の仲間は、みんな自分を殺してやっているのに、なぜ自分だけ自由にしているんだろうという意識、言い表せないくらいの数の罪の意識があり、それが浮かんできては悩み、つらい思いをしていました。五日目の浄心行を初めて経験して、潜在意識の中の数知れない罪の意識を洗い流

すことができ、心の底から神の子が実感出来てきたというのでしょうか、とにかく飛田給道場に来るまではこんな気持ちにはなれていなかった。それだけは、はっきり分かります。電気がついた瞬間、ふっと何かが抜けたというか、罪の意識から解放されたという、衝撃的な体験でした。

十日間はあっという間でした。この十日間で初めて〝神の子〟の仲間入りが出来たように思えたからです。信じられない位、自分の心がクリアになりました。

大きな声でみんなで笑い続ける〝笑いの練習〟、楽しい楽しい朝の〝感謝行〟、好きなだけ大きな声で「有難うございます」を連発出来て、朝からとても素晴らしい気分になれました。そして心が本当に洗われた、父母への〝感謝誦行〟と〝浄心行〟。〝浄心行〟では、人という人に迷惑を掛けてきた事、過去の私が犯した罪も含め、本当に心をこめて懺悔《ざんげ》しました。涙が頬をつたいましたが、終了後は不思議と嬉しい気持ちになれました。父母への〝感謝誦行〟では「お父さん、有難うこざいます！　お母さん、有難うございます！」と叫びながら、大拝殿の畳を一所懸命磨きました。幼稚園位の頃の両親に可愛がられていた時の記憶が、甦《よみがえ》ってきて有難かったです。父親とは気持ちの行き違いがありましたが、子供の頃はどちらかというと父親のほうにくっついていたのでした。

斉藤先生の同級生で、ものごとを理知的に見る性格で頭のよい先輩が、色々と悩みがあり、斉藤先生に勧められて飛田給の十日間の練成に参加されて、帰ってきたと電話で話したのですが、それだけでものすごく明るくなっているのが分かって、どうしたんですかと聞いたのですが、「菊ちゃーん、飛田給へ行ってきたんだあ！」と、いつもはそんなことは言わない人がものすごく明るくなっていて、あの人は変われる人じゃないと思っていた人がそんなに変わったので、これはとんでもないことだと思いました。だから自分も変われるとは思っていましたが、十日間たって帰ってきたとき、家族との対話も変わってきていたし、親父とお袋との関係も違ってきたと思うし、現場で仕事をしても、大分うまく対応できるようになったというか、自然の明るさが身についた感じです。罪の意識から解放された、すがすがしい気分でした。

会社の発展

建設業界は不況の真っ只中で、そのあおりを受けていないということはないのですが、今、自分で育てた職人さんが四十人くらいいます。そのうちの半分はまだ見習い程度なんですが、飛田給道場に来たときを境に、私自身が、人間神の子の教えで、手の早い人も、遅い人も、いずれはみんな立派な職人になると信じられるようになってから、会社を辞める職人がいなくなりました。

飛田給の練成を受けているとき、携帯電話はとらないことにしていたのですが、妻に用事があって電話のスイッチを入れたらその瞬間かかってきた電話があって、「お世話になりたいのですが」という電話で、その人が今職人の頭《かしら》で頑張ってくれています。

その他にも、僕が飛田給道場に来てからうちの会社に来て働いてくれる人はもちろんですが、その前からいた人も、僕が気持ちが素直になれば、みんなも素直になって、とてもいい雰囲気になっています。

ただどうしても喧嘩が多いのです。つかみ合いになったりするのですが、僕の気持ちが変わると、それがみんなにつながっていくのです。彼らが僕と同じ気持ちになれば、会社が発展すると言うことになるのです。

不況のあおりで、仕事の値段も安くなっており、マンションでも安く建てるようになってきて、大変な時代ではありますが、職人さんたちが腕を上げてくれて、自分で生活できる給料を稼げるほどの会社にはなってきています。仕事をやっても、縁の切れる会社がないということは有難いことです。新しい会社だと問題がある場合が多いのです。

菊崎晴大さん（左）と斉藤さん

どの会社にもその会社のスタイルがあり、上会社には上会社のスタイルがあり、こちらが合わせなくてはいけないのです。こちらが合わせると、今度は職人さんたちが、それは違うだろうと言ってくるのです。そういうのを調整するのが僕の仕事なんですが、職人さんたちの気持ちがきれいになってきたから、問題がおきても、間違っていればちゃんと謝ってくれたりするし、言う事も聞いてくれるから、若い人たちでも問題がなくなってきています。

だから職人さんで辞める人がいないのです。普通の会社では、七人入ると五人辞めるようなのが当り前ですが、うちの会社は八人入って辞めるのがゼロ、十人入って未成年者が一人辞めたこともありますが、そんな調子で増えています。今年から来年にかけてまた人も入ってくると思いますし、あと二、三年で頑張って百人くらいにはしたいと思っています。

このように順調に、特に何もなく、何もないことがいいことなんですが、小さなトラブルは常にあるものの、上会社からは認めてもらっているし、全てが良くなっている、いい方向へ動いている、みんな練成会を受けたおかげだと思っています。

これから会社を大きくしていく夢も現実的目標もあるのですが、根本は大晴工業の目的は、集まってきてくれた仲間たちみんなが仕事をして生活できるようになると同時に、生長の家の真理を知ってもらいたい、それが光明化運動になるんだと思っています。この自分の足元のことが出来なければ、大きなことも言えないなと思っています。ほとんどの社員が聖使命会員になっていますし、最近は面接が終われば生長の家の話をするようにしています。

そんな考えから、ご縁を大切にしたいと、面接に来てくれた人はみんな使うことにしています。今までも、変な話ですが薬物中毒の人間も使いました。そのかわり、いけないことはいけない、そう言ってそれが出来ない人は辞めてもらうことになるのですが、暴走族も使います。使う方も大変なのですが、更生していく人間が多いのです。非行少年が真面目に朝早く待ち合わせの場所にやってきて、しっかりとした仕事をするというような例が多いのです。やる気をもっていれば成長しますし、僕もできるだけ差別がないようにしながら使っています。

まともな人も多いのですが、中には会社経営に失敗をして破産してしまった人もうちにいます。そんな人でもきちっとした仕事をして、会社にも貢献し、いい家庭を作っています。彼も生長の家のみ教えにふれることが出来、自分は生まれ変わったと強く思っています。

面接に来てくれた人は皆神の子であり、必ず出来るという信念が私にはありますから、いろいろな人が来てくれたおかげで、職種を広げられたということもあります。何よりも皆それぞれ得意なものがあることを見つけることが出来ましたし、それに合わせた仕事が出てきて、それが会社の発展につながっています。

最後に、飛田給の練成道場へは、私も含めて会社の幹部も仕事の合間をぬっては参加させたいと思いますが、うちの会社は全員が職人のため、仕事が忙しく、参加させられませんでした。今年からは、仕事の合間をぬって必ず年に一、二名は練成に参加していただき、人間神の子の教えを強く感じていただけるよう努力します。

現在私は生長の家地方講師と、東京第一教区の荻窪第二相愛会長を拝命しており、光明化運動にお役に立たせていただきたいと思っています。

菊崎晴大さんが飛田給道場の練成会に参加されたのは、平成十二年九月の「神性開発一般練成会」でした。その時の練成会には、色々な人生問題を抱えてはいましたが、個性的な参加者が多く、大変活気溢れた練成会でした。

その参加者の中に、全身刺青《いれずみ》の菊崎さんもおられました。入浴を共にした参加者が私に言ってきました。

「あの、全身刺青の方がおられますが、大丈夫でしょうか」

私は「大丈夫です。人間は皆神の子です」と答えました。

練成会に参加された当時の菊崎さんは、既に更生し、十人くらいの職人を使って工務店を経営しておられました。「人間神の子」の真理を知り、会社を経営しておられましたが、時折、過去に犯した罪の意識に苦しむことがあり、教えの導き手となった斉藤様のすすめで練成会に参加されました。

ご本人の受講姿勢は素晴らしく、練成中に何回もとなえる「ありがとうございます」という感謝行にも気合が入っていました。

そして、一般練成会の「浄心行」「父母への感謝行」などを通して、罪の意識から解放されました。その後の菊崎さんの心境は著しく開かれ、その高まった心境の元に人も仕事も集まってきて、現在では四十余の職人さんを抱えて大きく発展しています。

菊崎さんの〝やくざの世界〟に生き、〝C型肝炎〟を経験し、そこから這い上がって神の子として生まれ変わって、大きな夢に挑戦している生き方は、多くの人々に勇気と希望を与えてくれるものと思います。

工場全焼から〝森林塾〟の活動へ

静岡県　清水光弘
解説　熊本　司

相次ぐトラブル

私は、静岡の梅ヶ島という所で「森林塾」という活動をしております。「森林塾」の目的は、「感謝の心と共に出来るだけ多くの人の心を明るく、楽しく、健康にするお手伝いをする事」です。御蔭様で少しずつ口コミで広がり、ストレスに悩む人や不登校児、本当に自然と触れ合いたい人のお役に立ち始めましたが、この活動、正直言って銭にはなりません。だから、生計は林業で立てております。妻、子供には、かなり迷惑をかけておりますが、私は実に気持ちよく仕事をしており、毎日が楽しくて仕方ありません。生長の家のみ教えに出会って私は、「物」や「金」に価値を感じる生活から精神的なものに価値を置くようになりました。人が喜んでくれる事に自分の喜びがあるような感じです。そう、「与えよ、さらば与えられん」といった感じです。

私が、生長の家のみ教えと出会ったのは平成十二年の十一月でした。その二ヵ月前の九月十三日に家業の製材工場を全焼し、火災以外にも様々なトラブルが舞い込み「地獄」とはこんな状態なのだろうと思う程でした。特に兄との不調和はその最たるもので、私と兄の確執は周囲にも悪影響を与えており、多分、父母の人生の中で最も辛い思いをさせてしまったに違いありません。でも、今、思えばこの時が無ければ生長の家の根本の教えである「実相の世界」を理解できなかったと思います。

私が、飛田給練成道場の門をくぐったのは父の勧めでした。父は、静岡の相愛会の会長の永田さんと古くからの友人だそうで、そのご縁で生長の家に入会しました。また、私が中学の頃、同業者の誘いで「飛田給練成道場」に行った事もあり、その経験から私に飛田給練成道場を勧めてくれました。

飛田給練成道場に足を踏み入れた時、前向きな考えなど持っていなかった私ですから周りからはさぞや情けない顔に見えたと思います。私自身は、この練成道場の雰囲気に馴染《なじ》めない上、「ありがとうございます」の言葉がワザとらしく感じ、とても宿泊など出来ると思えませんでした。

しかし、先輩方や先生方のお力添えの御蔭でだんだんと心持が変わりました。しかも会社の存亡の危機に私を「能力開発セミナー」に送り出してくれた父の気持ちを考えると、「兎に角、何かを掴んで帰ろう」と思いました。

心を切り替えて講義に臨むと、講義は私の為に組まれたものの様な内容でした。一つ一つの講義に心を打たれ、次第に自分の心が素直になっていく気がしました。更に私は、「この道場に来るべくして来たのだ」と思うようになり、練成道場に居る事が楽しくなり、時間はあっという間に過ぎ去ってしまいました。「能力開発セミナー」が終わる頃には、自分自身で自分の中身が変わっているような気がしていました。

「種は一旦地面に落ちなくては芽が出ない」のと同様に、火災は不幸ではなく、私に与えられた新しい飛躍のチャンスであるという事。

素直な心で居る事。

「中心帰一」の精神のもと、会社では専務の兄の補佐役に徹する事。

そして、当たり前のことと思っていた事が当たり前でなく、父母、ご先祖様、全ての関わりのある人から頂いていたものであり、感謝の心を持って生活する事。

このような心持ちで静岡に戻ったのです。

自分を生かす新しい仕事を

しかし、まだまだ未熟だったのでしょう。私の想う世界は現れませんでした。私の心が未だ全てに感謝出来ていなかったのです。相変わらず、兄とは上手くいかない日々が続きました。そして、父から「新しい仕事を探し、自分を殺さずに思いっきり生きてみるように」と言われました。私は、父の言葉に従い退職を決めました。ここで本当の意味で〝地面に落ちた種〟になりました。

私の心には、この時仕事に二つの希望がありました。一つは、学生時代の希望だったカウンセラーの様な仕事。もう一つは、父母、ご先祖様に恩返しできる仕事……山仕事。でもこの二つは、両立できないと思いました。勿論、金銭的にも……。

そこで今度は、自分から飛田給練成道場に行きたいと父に申し出て、十二月の短期練成会に参加しました。そして、最初の座談会で先生の「清水君、森林塾をやったら」の一言で見事に発芽しました。本当に目の前の雲が一気に消えたような感じでした。

私は、一生この二十世紀最後の短期練成を忘れません。そして、私に生長の家の教えに触れる機会を与えてくれた父に心から感謝しています。

あらゆる事に感謝の心を持ち、素直な心で人の言葉に耳を傾けられるようになると周囲の環境が一変しました。私の考え方や想いに共感する人が現れ、想いが次々と実現していくのでした。何時の間にか私が求めなくてもよい知恵、協力者、環境などが周りから舞い込んでくるようになりました。心の状態の改善と共に五感の世界の環境も善い方に廻り出したのです。

今、私は「生長の家の教え」を胸に林業とわさび栽培を楽しんでいます。そして、山に自然の雄大さと神の偉大さを教えて貰い、わさび田には安らぎを与えてもらっています。人によって感じ方は様々だと思いますが、綺麗な空気、美しい緑、清らかな水は、誰の心も素直にしてくれます。素直に感謝しながらの生活を営めている私は本当に幸せ者です。

事故

このことを道場で体験談として発表させていただきましたが、体験談発表以降も物事は順調に進みました。しかし「飛田給練成道場」での「気付き」を忘れかけた頃、そして、「森林塾」のこれからに悩みだした時の事です。平成十三年十二月七日……僕の二度目の誕生日が訪れました。

その日もいつもと同様、朝五時起床し「聖経読誦」「神想観」を済ませ、山に向かいました。木材の搬出現場は、この季節には珍しく穏やかで雲ひとつ無い青空が広がっていました。

その日の作業は、木材の搬出用架線の撤収でした。

木材の搬出をする際、架線を張って空中に木材を吊って伐採斜面から土場《どば》と呼ばれる集材場所まで運びます。その時の架線は次頁の図のように張ってありました。その架線は、本線と呼ばれるワイヤーと、木材を吊りさげるキャレージという機械を動かす旋回線、木材をキャレージまで巻き上げる巻上げ線で構成されます。

伐採現場からの木材の搬出が終わると、不要になったその架線を撤収することになります。山頂部に固定されたワイヤー類を解放して、外したワイヤーを土場に集める作業です。

事故を起こした日の作業は、前日までに師匠と二人で下準備を終えて、別の仕事をしていた仲間が久々に集まって撤収をする予定でした。森林塾や生活のあらゆる面で物事が順調に進み、撤収作業自体も技術的に難しい作業を前日に終わっていたので気の緩《ゆる》みがあったのです……そして、慢心です。仕事上の初心と「飛田給練成道場」での初心を忘れ、思い上がっていたのかもしれません。

横着《おうちゃく》からミスを起こしました。本来ならば、伐採現場の山頂部にあるマストと呼ばれる高い木に登って本線を外し、それを旋回線に接続して土場まで運びますが、前日に本

伐採現場　略図

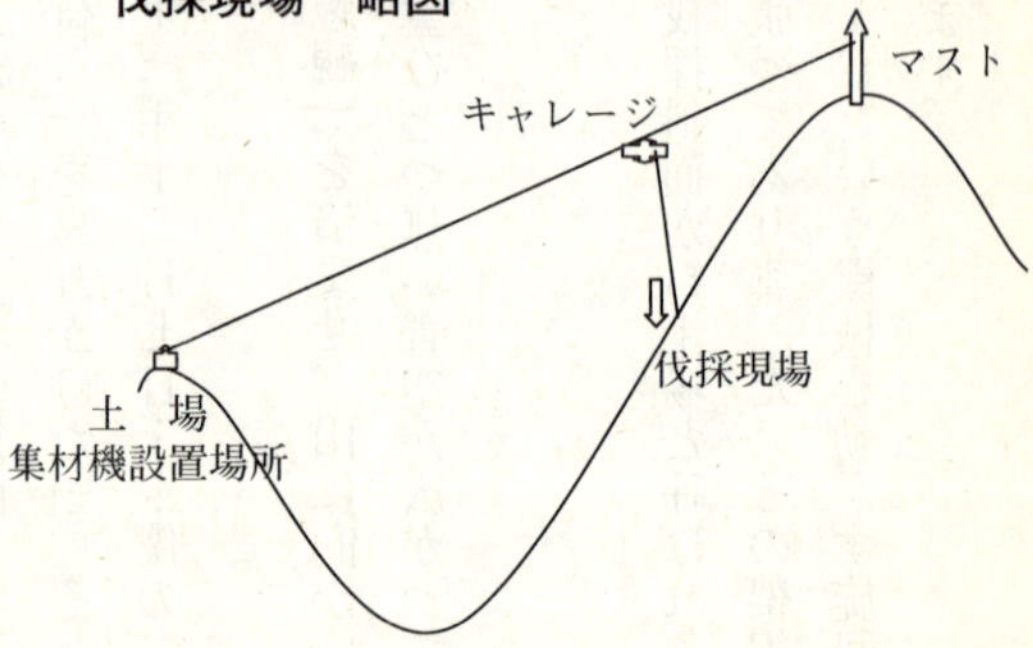

線は既に外してありました。旋回線も直ぐ手に届きそうな位置にあり、ロープやワイヤーを引っ掛けて引き付ければ、マストと言う高い木に登らなくても処理できそうでした。その為、旋回線にワイヤーを掛けて引き付けたのですが、突然旋回線が動き出し、線が緊張した為に身体が跳ね上げられてしまいました。

千メートル以上もある旋回線は、ワイヤー自体の重量もかなり重く、垂れ下がっているので、一見緩いと思いがちですが、実際はかなり緊張しています。その為、人間が旋回線を引っ張ると、一瞬引き寄せる事が出来ます。しかし、当然復元力があるため、何処かに引っ張っているワイヤーを固定しなくてはなりません。普段は、充分にわかっている事ですが、事故当日は緊張感に欠けミスをしてしまいました。まして、山頂部の足場の悪い場所、初歩的ミスでした。

一旦地面から足が浮くと、後は旋回線上を一気に滑り落ちます。空中に宙吊りになり、山頂から麓に滑り出したのです。そのまま、滑り続けていけばどうなったか？　手が自分の体重を支えきれなくなって落下……五十メートル以上の高さから墜落。運良く麓まで腕力がもっても、落下の加速度のついたまま山肌に激突。どの道助かりはしません。

こういう場合、人間は落下するのが怖くて無意識に手を強く握り、しがみつこうとするそうですが、自分には「手を放せ」と電気命令が走りました。五メートル以上の高さから落下し、四十五度ほどの傾斜の山の斜面を五十メートル以上転がり落ちました。

見ていた同僚の話では、石が斜面を転がるのと同じように、バウンドしながら転落したそうです。僕自身は、足が地面についた次の瞬間跳ね上がり、前転して背中から地面に落ち、再び跳ね上がってと言う感じでした。最初は、何とか止めようと思いましたが、遠心力と加速の力は物凄く、人間の力など無力でした。それに気付くと妙に冷静になりました。

身体が回転する度に、青空、海、切り株、岩がかわるがわる目に入ります。その時、「ああ、山仕事で死ぬ人は、こうやって転がって岩や切り株に激突して死ぬんだ」そう感じました。まるで他人事のように感じました。というよりも「自分は何かに守られている」そんな感じがしていたんです。

その後、何故か左手が無意識に動き、回転方向を変えてくれました。そして、木の切り枝が「鳥の巣」の様になっている場所にスッポリと身体が収まったのです。

通常では、死亡事故か再起不能になる事故でした。実際、「死んだ」と言う噂《うわさ》が流れ、見舞いに来られなかった人も居たほどです。見舞いに来てくれた人もオッカナビックリ覗きこんでから病室に入ってくる有様でした。

怪我は、奇蹟的に左足の骨折、肋骨骨折四本、左肩脱臼、これだけで済みました。頭部、背骨、腰は、無傷です。おまけに打撲箇所の蒼痣《あおあざ》も皆無でした。周りの人から「奇蹟」と言われたもう一つの事は、事故の発生が九時十分、仲間が一一九番通報してくれたのが九時十五分、救急ヘリ到着が九時三十五分。まるで、この事故が予想されて待機していたかのようでした。更に事故現場は、戸持ち山の山頂部で「戸を持って歩かないと風を防げない」と言うほどの強風の名所です。しかし、この日はヘリのホバーリングに最適の無風状態でした。「ありがたい」その一言です。

でも、病院のベッドの上で僕が感じたのは、「親に感謝がたりなかった」ということでした。色々な人の想い、ご先祖様、神様のご加護のお蔭で助かったけれども……怪我は、左半身だけ。「自分でご先祖様や親への感謝を山仕事で実践しているつもりで居ただけで、真の感謝ではなかったな」そう思ったのです。事故当日の夜、この事を一晩中考えました。そして、改めて心から「ありがとうございます」の言葉を、神様、ご先祖様、親、妻、娘、兄、世話になっている人皆に言い続けました。「ありがとうございます」を心の中で唱える度に涙が湧き出てきました。それは、「生きていて良かった」という涙でなく、「感謝の涙」だったと思います。熱くって胸を締め付けられるような「感謝の涙」でした。

動き出した「森林塾」

その後、入院している間に山の素晴らしさ、森林の大切さ、環境の大切さ、ご先祖様たちが守ってこられた自然との調和術を沢山の人に知らせる為に「森林インストラクター」に挑戦する事を決意し、勉強を始めました。そして、一回で合格など不可能に近いと言われていた試験に合格できました。実は、試験中にどうしても回答できなくなった時に「神想観」をやったら不思議とスラスラと書けました。

その後、医師と仲良くなり「森林リハビリテーション」をやってみたらとアドヴァイスを貰い、森林塾の新しい方向が見えてきました。更に僕の活動フィールドでは「梅ケ島エコ・ツーリング」という活動が始まり、ご縁があって参加させて貰う事になりました。これに拠《よ》って子供たちの自然体験教室・環境教育の場をもてる可能性が広がりました。

一方、山仕事に入ってから中断していた木材普及の為の住宅勉強会に於いても、木材の素晴らしさを伝えたいという設計士と知り合い「安倍川流域材で家を作ろう」をキャッチフレーズに、住宅勉強会を再結成できる事が出来ました。

日々、飛田給の練成の時の想いと、事故の時の感謝の気持ちを胸に神想観をしていると、不思議と力添えをしてくれる人と出会います。そして、「想い」が段々と形になっていきます。

清水光弘さんと娘、愛ちゃん

平成十三年十二月七日、山での事故を通して再び僕は生まれ変わりました。

林業や森林塾を何の目的でやるのか。何でやりたいのか解かりました。本当の意味で「出来るだけ多くの人に喜んで貰う仕事」をしたかったのです。自分たちの勝手な価値観で荒らしてきた自然を、ご先祖様のように上手に自然の恩恵を利用させて貰う日本人の古き良き知恵を子供たちに伝え、誰にでも素晴らしい価値があり大切な命があるということを伝えたい。そして、ストレスに疲れた大人に、自分を見つめ直す大切な時間を提供する事。これらが、少しずつでも広まって行けば、キット環境も守れる、いや良くなると思います。

そして、一番大切なことは、「素直な心で感謝して生きる事」一番伝えたい心です。それを森林の中で優しい自然から皆さんに直《じか》に感じてもらいたい。そして、「感動」を味わって貰って、本当の意味での「感謝の心」を見つけて欲しいと思っています。

親父の鉈

最後に「親父の鉈《なた》」の事を話します。この鉈は、私が林業に踏み出したときに父がくれた物です。鞘《さや》にほんの少し残っている茶色い部分があります。元々この鉈の鞘は、この茶色い桜の皮を漆《うるし》で塗った細工物《さいくもの》でした。私にとっては、普通のものでしたが、山仕事をする人には無用の長物でした。

伐採の作業をしていると、鞘はあちらこちらに当たります。そして、何時の間にか装飾部分の桜の皮は無くなってしまいました。この時、私は「親父の鉈」は、山持ちのお飾りの鉈だと気がつきました。そして、こう解釈しました。鉈の鞘は、私の肉体です。見る人や私の心持によって、外見は全く異なってきます。しかし、自分の状態以上に善く見せようと飾り付けても直ぐに化けの皮は剥がれてしまう。鞘は鞘、肉体は肉体。それでは、最も大切な本質は？　それは、鞘の中に隠れている鉈、それ自身です。

鉈は、その段階に合った砥石を使い研磨しなくてはその本領を発揮しません。つまり実相は、肉体の奥にある精神であり、「この精神は生き物ゆえ常に善き心を持って研鑽して行けば行くほど明るく楽しきものになる」そう想っています。


清水光弘さんが飛田給道場に来られたのは、平成十二年十一月に行なわれた「能力開発セミナー」でした。

家業の製材工場が火災で焼失し、再建中の参加でした。お兄様と経営方針で対立し、その苦しみを解決しようと必死の思いでのご参加でした。

「能力開発セミナー」に引き続き、翌十二月の「短期練成会」にご参加になり、清水さんの心境は一変したのでした。「先祖供養祭」の中で流れる涙をとめることが出来ず、今まで自分を支えてくれたご先祖の御恩に目覚めたのでした。

そしてご先祖様の御恩のかたまりの山を保育し、人々の心の安らげる場所を提供する、森林事業に生きようと決意されたのでした。

こうして清水さんは「森林塾」と「木材業」を営みながら、まさに現在生長の家全体で取り組んでいる「大自然の恩恵に感謝し、山も川も草も木も鉱物もエネルギーもすべて神の生命《いのち》、仏の生命《いのち》の現われであると拝み、それらと共に生かさせて頂く」――「環境保全活動」とりわけ〝森林保存〟の最前線で活躍されておられます。

大空への夢を実現

宮城県　［夫］松村　和男
［妻］松村麻衣子
解説　佐藤悌司

［夫］

反発

僕が生まれる前から、お祖母《ばあ》ちゃんと母が生長の家をやっていました。それで僕も生長の家の雰囲気で育てられました。小学校の頃、飛田給練成道場にも来たことがありますが、でもそれは、母が、僕を育てる上で困って練成を受けた、その練成に一緒に連れて来られました。

そこでは鹿沼先生や、徳久先生、また名前は憶えていませんが、いろいろな先生方がいらっしゃって、その先生方をたよって母が練成に来て、いつも「大丈夫、大丈夫」と言われて帰っていた、そんな繰り返しをしていました。僕は、正直あまり来たくなかったのですが、夏は毎年河口湖道場の小学生の練成に送り込まれていました。

小学校の頃の僕は、いつも学校から親が呼び出されていた、手のつけられない子供だったようです。母としては大変困っていたようですが、「神の子」と教えられ、いつかよくなるだろうと信じて結局ずっと生長の家の練成会に送り込んでいたというのが実情だったのでしょう。とにかくどうしようもない子供だったようです。

小学校の頃は、そうして無理やりでも連れてこられていましたが、中学になると腕力も強くなるし、反発して、母も無理やりという事は出来なくなって、中学、高校と全く生長の家には行かなくなっていました。

「何かあったら生長の家へ行きなさい」

そんなのは僕には必要ないと思っていましたが、僕が大学二年の頃、お祖母ちゃんが大腸癌を患って、それでお祖母ちゃんと弟と僕の三人で飛田給の練成会に来たということがありました。この時が自分から練成に行こうと思った最初でした。余命半年とか言われていましたが、お祖母ちゃんはそれから二年くらいして亡くなりました。その時、お祖母ちゃんが言ったのが、「自分は何も残せないけれども、何かあったら生長の家へ行きなさい」ということで、これがお祖母ちゃんが僕に残してくれた遺言でした。

それまでは、生長の家は無理やり連れて行かれるところでしたが、そのお祖母ちゃんの言葉から、何かあったら生長の家に行こうかな、と心の中では思うようになっていたのです。僕はお祖母ちゃん子でしたので、ここから僕と生長の家の結びつきが出来たのだろうと思います。

それでも、癌が治るだろうなと思っていったのが、結局治らずに亡くなったので、あぁ、結局だめなんだという気持ちが正直なところでした。でも、あの頃の事を想い出してみると、お祖母ちゃんは痛がることもなく眠るように亡くなっていった、そんな気がします。

パイロットになりたい

今、パイロットとして空を飛んでいますが、子供の頃からパイロットになりたかったかといえば、それほど強い希望があったわけでもありません。子供の頃、三歳か四歳の頃、メーターがいっぱいあるものに興味を持っていました。子供を入れる小さな湯船にいっぱいメーターを書いて遊んでいたことを憶えています。

中学校の頃か、写真でメーターがいっぱいついている写真を見て、わー、こんなのどうして分かるのかなーと思って見たのが、飛行機のコックピットの写真で、それが飛行機とのファーストコンタクトでした。

それでもパイロットにどうしたらなれるのかということは分からずに、飛行機のパイロットになりたい、それを自分の仕事にしたいと思ったのは大学に入ってからでした。「エアライン」という雑誌があって、パイロット業務とかスチュワーデスの仕事とか、そういう記事が載っていて、なり方も書いてあって、かっこいいな、操縦してみたいなと思い、調べてみると大卒で健康であればトライできると書いてあったので、簡単に、ああ、なろうかなと思ったのがきっかけでした。

大学を卒業してすぐ自社養成といい、会社で全て養成してくれるところの募集を全て受けましたが、ダメでした。やはり簡単にはいきません。この頃私は、パイロットを仕事にしたいと強く思うようになっていましたので、あきらめず他の方法を調べ、挑戦することにしました。

まずアメリカに行き、最初の免許と二つ目の免許を取り、帰国すると次の三つ目の免許を取得しました。

自分で免許を取るのですから、かなりの額のお金もかかりました。ここまではあまり苦労もなく取得できたので、少し甘く考えていたのかも知れません。

その後エアラインパイロットになるための養成の学校が函館にありまして、そこに行ったのですが、今までの訓練とは違い、集まってきたメンバーも優秀で厳しいのです。優秀な人たちはトントンといくのですが、この時期までにこれまでというハードルが課せられていて、それが厳しくて、その最初のチェックのときに僕は落ちたのです。運航部長から「もうパイロットへの道はあきらめた方がいいんじゃないか」と言われてしまったのです。

飛行機が安定した！

飛行機の試験は何段階もあって、次々に試験をクリアしていかないと、エアラインパイロットにはなれないのです。

その時の僕の技術は、自動車で言えば、まっすぐな道路を直線に走れない、車ならハンドルを普通に持っていればまっすぐに走るのですが、それを蛇行しながら走っている、飛行機で当然出来なければいけないことが出来なかったのです。

困った私は母に相談すると、母は、「だまされたと思ってもう一回生長の家へ行ってごらん」と言ったのです。母は上からものを言うような人で、そんなところに反感を持っていたところもありましたが、その時はお祖母ちゃんが言っているような言い方で、僕がそう感じただけかも知れませんが、「だまされたと思って行ってみな」という言葉に、「じゃあ、行ってみようか」と素直に思えて函館の教化部に行ったのが、再度の生長の家とのつながりのきっかけとなりました。

その時の教化部長先生が今の飛田給総務の佐藤悌司先生で、たまたまですが、佐藤先生が僕のおばあちゃんの弟さんによく似ていて、僕がとても尊敬していた人だったので、そういう第一印象もあり素直に話をする気になったのです。いくら生長の家の先生でも、飛行機のことをご存知とは思えなかったのですが、僕は素直な気持ちで今の状態をお話しすると、佐藤先生から返ってきた答えは、飛行機のことを熟知しつくしたような答えが返ってきたのでした。

「あなたもう免許は持っているんだから、出来るでしょう」と言われ、「出来ているのが隠されているだけだから、あとはもう飛行機に感謝し、空に感謝し、教官に感謝しなさい」ということでした。

僕はその時、教官に感謝が出来なかったのです。それを佐藤先生に教えられて、ああ、なるほどと思ったのです。「全てのものに感謝して、自分で出来ている姿を想像して、制服や帽子をすでにかぶっている姿を描いて、エアラインパイロットになっているつもりでやってごらん、お客様が一番快適で乗っていられる操縦、安心していられる離着陸を考えてやってごらん」と言われました。

その次の日は、佐藤先生に教えてもらったことを実践したのです。自分でもエアラインパイロットになったつもりで、飛行機に乗り、すべての物、事、人に心から感謝すると、それがスルッと出来たのです。そうしたら飛行機がピタッと安定して、自分でも驚いたくらいで、今まで全く出来なかったのが、ピターッと飛行機が安定して、心が変わればこんなに変わるものかと、びっくりしました。その教官は試験のときのことを知っていますから、その日の僕の操縦を見て、「やあ、別人だなあ」と言ったのです。

それからはトントンといって、試験の日は管制塔の方が、北海道では珍しいほどの天気だよと言うほどのすばらしい天気にも恵まれ、合格できたのです。

それで生長の家を信じたというのもおかしいのですが、生長の家と結び付けてくれた第二のきっかけで、僕が二十六歳の時でした。

困ったら行けというお祖母ちゃんの言葉でつながっていたのですが、それ以来、自分から生長の家へ行こうという気持ちになりました。訓練生で長期の休みなどとることは出来ませんので、飛田給練成道場まで行くなど出来ませんが、教化部にはちょくちょく行くようになっていました。

こうしてエアラインパイロットになるためのすべての免許は取ることが出来、実家のほうに帰ってきました。

狭き門　入社試験

免許が取れて、今度は会社の試験があります。募集があるたびに試験を受けるのですが、二次三次で不合格となっていました。同期で免許を取った人達は、みんな就職が決まるのにと落ち込んだりもしていました。

こんな事が、三年くらい続きました。この頃の私は、感謝も忘れ、愚痴を言う生活となり、生長の家からも離れてしまっていました。食べるためには、家庭教師とか予備校の講師のアルバイトはしていたのですが、もう飛行機は無理かなと、正直なところそう思うようになっていました。妻にももうだめかなと話はしていたのです。

視野に異状

そんな時、突然妻が、視野が欠けたとか言い出したのです。最初のうちは、たいしたこととは考えていなかったのですが、眼科とか行ったら、何ともない、もしかしたら脳に原因があるかもしれないというので、脳外科に行って、ＭＲＩをとったら、これは脳腫瘍の疑いがあるというので、慈恵医大に紹介されて、慈恵医大の先生もＭＲＩの写真を見て、「ああ、これは間違いなく脳腫瘍だから、うちでもう一回検査して、ただ早く手術しないとだめだから、普通だと一月くらいかかるけれども緊急だから順番も早めて一週間後に検査しましょう、ＭＲＩから血液検査など全部やって、それから手術の日取りを決めましょう」ということになったのです。

確実に脳腫瘍だということで目の前は真っ暗になって、どうしようか、脳腫瘍＝死と考えていたので、就職は出来ないし、子供もいない、生きていてもしょうがないなという考えもありました。

その時、佐藤先生が異動で東京第二教区の教化部長になられたというのは知っていたので、佐藤先生に電話だけしてみようかと思い、電話をしました。そうしたら、「すぐに飛田給道場へ行きなさい」と言われて、すぐ、取るものも取らずに飛田給へ行きました。

行ったら丁度十日間の練成の最中で、五日目くらいだったのか、半分くらいすんでいました。徳久先生がお亡くなりになる前で、徳久先生や阪田総務のお話を聞かせていただきました。そのお話がその時の私達にピッタリのお話だったのです。病気は心で作るのだから、心が変わると病気も変わってくるという話でした。阪田総務に個人指導をしていただくと、左側は男性をあらわすのだよ、と言われ、自分のせいだと思い、「あなたの心が変われば病気はなくなります」と教えていただきました。残り半分くらいの練成を最後まで受けて、終わってから妻を連れて慈恵医大に行きました。

そこで検査をしてみると、「おかしいんだけど、何も異状がないんだよね」と先生から言われました。なんでもないという結果が出まして、それから一年間は経過を見ていたのです。こんなはずはないのだがなと、先生も首をかしげておられましたが、結局そのまま妻は治ってしまったのです。治ったというか、どうしてかなあというのが先生の正直なところらしいのです。

【妻】

最初は、霧がかかったみたいに両サイドが見えなくなって、とくに左目のほうが見えない状態でした。新しいコンタクトにしたのにおかしいなという感じでした。とりあえず近所の眼科に行ってみましたが、原因が分からず、もう一軒行っても同じで、どこに行っても、「なんでもないです」と言われるのですが、私自身はなんでもなくなかったのです。三軒目で脳外科へ行くように言われて脳外科へ行ってみたのです。

脳外科で脳腫瘍だといわれたとき、「ああ、私、死んじゃうんだ」と、主人よりはさらっと受け取ったと思います。自分のことのほうが平気なんでしょうか、「ああ、私は死んじゃうんだ、主人はパイロットにもなれないまま、就職も出来ないのに、子供も産めなかったし、これで私の役目は終わりかな」と、そんな変な気持ちでした。

私は生長の家は結婚してからはじめて知り、函館にいる頃教化部に行ったのが初めてでした。

佐藤先生に言われ、飛田給練成道場に行くことになり、何も分からずに行ったのですが、道場に着くと、入った瞬間に体が熱くなり、熱が出たようになったのです。熱いし、フラフラするし、「どうしよう」と言ったのが最初の一言でした。今考えると、悪いものが出て行ったのか、あれが〝神癒〟だったと思うのですが、その時はどういうことだか分かりませんでした。

主人が生長の家に行くようになってから、飛ぶときに天気がとてもよくなったりとか、いいことが起きていたので、私もこれでよくなるのかなという気持ちはありました。でもやはり半分は、だめなのかなという気持ちもありました。総務のお話や「祈り合いの神想観」などですべてを放す事、実相を拝む事などを教えて頂き、大変楽になりました。左眼に症状がでた事もあり、家庭内の中心帰一や主人に対して素直にハイをしていなかった事なども解らせて頂きました。もともと夫婦仲は良かったのですが、み教えのお蔭で心から主人を尊敬出来るようになりました。

検査に行く前の日、「祈り合いの神想観」があり、お祈りしてもらって、左眼から涙が流れてきました。これで癒ったと実感いたしました。そして病院でのＭＲＩは三十分くらい入っているのですが、今までお世話になった方とかを思い出しながら、「ありがとうございます。ありがとうございます」とずっと感謝の祈りをしていました。

それで、何ともないという結果が出たのですが、その腫瘍の突出部分が、妊娠をすると余計に視野を圧迫する部分だったので、一年は妊娠をしないでください、と言われていました。だから子供はうちはつくらないでいいよねとか、海外で代理母を探そうかなという会話も出ていたのです。でもこの頃は子供の事は深く考えていませんでした。

【夫】

妻が大変な状態から救われたことは、私にとっても大きな経験であり、また励ましにもなりました。それからもパイロットの試験があるたびに受験をしていました。

平成十二年の七月、飛田給で体験発表をさせていただきました。この時はまだ、就職も決まっていないし、発表できるような内容の体験をしていたのではないのですが、お話をいただいたので、素直にハイと、今までのことを発表させていただきました。するとと、翌日、一年以上も前に履歴書を出していた新潟の会社から合格の連絡をいただいたのです。

最初の航空会社にこうして入れたのですが、日本では小さくてもエアラインの会社に入るのはとても難しいのです。航空大学を出ても難しい状況で、本当に自分の力だけではない、すべての物や事や人々のおかげ、神様のおかげだと感謝しています。

日本海側は風も強く、離着陸は本当に難しいのですが、経験を重ねることにより自信もつき、今の私には大変プラスになりました。今の会社に行く前に、寄り道をしたように思われますが、無駄はないんだと心から思います。

松村さんが乗っているＣＲＪ機

エアラインへ

そのあと、ステップアップで今の会社に入るのですが、その時も、百人以上が集まって、その時は十人の合格でしたが、これもたまたま採っていただけました。

今の会社は、フェアリンクという会社で、仙台―成田、成田―千歳、成田―伊丹と国際空港を結んで、地方の空港から成田に集める路線があり、全日空便とのコードシェア便エアラインのパイロットとして飛ぶことができるようになったのです。

最近、キムタクがテレビドラマでパイロットの役をやって、ドラマも大変人気があったのですが、それにつれてパイロット希望の人がものすごく増えています。あのドラマのおかげで迷惑している人も多いんじゃないかなという気がします。この世界は狭く厳しい世界ですが、お父さんのあとを継いでパイロットになりたいという方も、合格するのは難しいと言っておられます。

僕も、今だったらだめだろうなと思いますが、たまたまパイロットになれた、やっぱり神様の力ってすごいなと思うのです。なれたのが奇蹟だと思っています。夢はかなえるもの、心に強く思い、それに向かって努力し、感謝し、あきらめなければ必ず達成できると思います。今では、多くの方々の支えがあった事などをいつも思い、感謝を忘れずに仕事をさせていただいています。

妊娠

[妻]

最初の妊娠がわかったのは、主人が今の飛行機の免許を取りにカナダへ行っているときでした。「受かったよ」という電話がかかってきた時に、「妊娠したんだあ」と言って、合格と妊娠と、ダブルでうれしいことが重なって喜びました。

結婚七年目にして授かりました。今までは主人がパイロットになる事が私の夢であり、子供のことなどあまり考えていませんでした。

妊娠がもうちょっと前だったら、今の免許も取れていなかったので、これほど喜べたか分からないのですが、一番いい時期に子供を授かることができ本当に有難いと思っています。

[夫]

試験合格の電話を妻に入れたとき、妊娠のことを知り、思いがけないことにはっきり言って驚きました。今までは自分のことばかりで努力することばかり考えていましたが、これからは家族が増えるという重みもありましたが、不思議とうれしくてしかたありませんでした。

今の会社に入ってからも、機長となかなか波長が合わず、カナダの訓練中も何度かつまずき、悩んだ事もありました。佐藤先生にもどうしたらいいか、カナダからお電話したことがあったのです。佐藤先生は、教官に感謝しなさい、黒いものでも白と思わなければだめだよとおっしゃると思っていました。ところが佐藤先生は、「その教官は君を育てようとしているんだよ」と言われるので、ちょっとびっくりして、ああ、そうなのかなと思えるようになりました。

そして試験は合格へと導かれたのです。

こんなことがあって合格したのですが、それを妻に報告したときに「妊娠した」と連絡をもらったのですが、もしそれがもう少し前だったら、自分のことでいっぱいだったし、まだ今の免許はないし、その時だったら、正直困るなという気持ちも出たと思います。本当に一番いい時期でした。

その後妻の体調は順調で、出産へとなりましたが、出産して二日目で、息子は高熱を

松村夫妻と、長男匠郷輔君

出し、新生児集中治療室（ＮＩＣＵ）に入ることになりました。普通はお母さんからの免疫があるから、まずこのような事はないとの事で、血液などとって詳しく調べるとの事でした。ずっと妊娠中も元気だったのに、ナゼ？　と思いました。小さい体に点滴をされ、注射をされているのを見ると、かわいそうで仕方ありません。面会も一日一回一時間とされていて、とてもさみしかったです。
でも今の私たちは、この子は意味があって私達を親として選んで生まれてきたのだから、大丈夫と考えられるようになっていましたので、毎日お聖経を読んで祈りました。生長の家を知らなかったら、もっとおどおどして大変だったでしょう。血液中の値がかなり高いということで、妻と一緒の退院は無理だろうと言われていましたが、先生も驚くほどに数値も安定し、熱も下がり、一緒に退院できました。このこともあり、ますます全てに感謝できるようになりました。

キャプテンに育つように

まだこの会社で二年半で、副操縦士として飛んでいますが、いい環境で仕事をさせていただいています。うちの会社では、機長を育てることに力を入れていて、副操縦士にも数多くの課題を与えて下さるのです。

ただキャプテンはよく見ていてくれて、自分ではよく出来たなと思う操縦でも、下に降りてからお小言を頂戴する、着陸や離陸や無線など、自分ではうまくいったなと思っていても、こっぴどくやられることがあります。

あるキャプテンは、細かいことまで注意する方がいて、私はすこし苦手にしていたのですが、昨日そのキャプテンと一緒になったのですが、オートパイロットに入ると、昨日言ったこと、あれとこれと、と事細かに説明してくださるのです。成田について着陸態勢に入ったので、講義はそれで終わったのですが、地上に降りてから、ノートを持ってきてと言って、また教えてくださって、「次が楽しみだな、またいじめたいな」と言って帰られたのです。

生長の家で観世音菩薩様と教えてもらいましたが、こういうのを言うんだなと思いました。佐藤先生が、君を育てようとしているんだよと教えてくださった通りの世界でした。

「今日、飛田給に行く？」

［妻］

飛田給に来ると、自然と、次はいつ来ようかと思うようになりました。普段の会話の中でも、「飛田給に行く？」とか、会話ですぐに出てくる場所になりました。また行きたくなる、行くだけでホッとするような、そんな場所になりました。

主人の勤務でいろんなところに住むことになるのですが、どこへ行っても教化部が近くにあって、地方に行くと友達がいないのですが、教化部に電話をすると、誰かしら青年会の人がお誘いに来てくれて、すぐに友達が出来る、いつでもさびしくなく、活動できるということはとてもうれしいです。

［夫］

僕も生長の家のおかげで、このような仕事につかせて頂いていますが、いつでも最初の頃のことを忘れずに、毎日安全に仕事をしていきたいです。この間、飛田給の練成会に来て、僕のことより、妻の病気が癒されたことをお話ししたら、「へえ、そんなことがあるの、じゃあ、私もがんばるからね」と言ってくださったので、ああ、少しでもお役に立てればいいなあと思っています。


最初に会った松村君と、今の松村君では器の違いを感じます。

訓練中いろいろ困難に見える出来事があったのですが、すべて今の松村君を大きく育てるための教訓だったと受け止めることが出来ると思います。

彼は身につける知識や技術は充分備わっていて、おそらくパイロットとしては技術には不足はなかったろうと思います。

ただ、人よりも優秀であるために仕事を軽く見てしまう性格ではなかったかと思うのです。

教官の操縦と、自分の操縦を比べても決して遜色はない、と思う気持ちがあったのではないかと判断しました。

教官は、彼のそのようなある種の軽率さを何とか正そうとしてくれていたと想像いたします。事実、試験にしても、技術面では標準以上の合格点があったために、落とさずに何回も周辺から支えられ続けたのだと思います。

そういう面は自分にはなかなか見えないので、今回生長の家に通い続ける中で、本来の自分を見つけ出し、更に奥さんの病をきっかけに神の実在を信じて、己を越える偉大な生かす力を自覚することから、尊大になろうとする我の心をとり捨てることが出来たのだと思います。

今の松村君には、かつての尊大さも自惚れも放棄した自然体から溢れる人間味が滲み出て、今まですべての人が期待した真の松村君が現れたと言っていいでしょう。

今日あるのは、お祖母ちゃんをはじめ、今日の彼を信じて全面支援をして下さったご両親、奥さんのご両親と奥さんがしっかり寄り添って下さったお蔭です。

八十歳でバラ色の人生が花開く

洋画家　遊馬　正

妻への愛の第一歩

それは一昨年の冬の寒い日のことであった。私は数日後に東京国際フォーラムでの回《かい》顧展《こてん》のオープニングを控えた、いわば画家の花道への第一歩を踏み出そうとしていたその瞬間とも言えるときであった。

突然妻が脳梗塞でたおれたのである。一瞬私は眼の前が真っ白になり、自制を失いかけたが、幸い息子夫婦がニューヨークより帰っており、娘もアトリエにいたので、直ぐに入院の手続きを取り、知り合いの病院へ入院した。

病院からは一ヵ月の安静を言い渡されたが、病院長とは割合深い知り合いであったので、いろいろサジェスチョンを受け、特に退院後の介護施設への配慮まで事細かに指導を受けた。

　私は介護施設についてはまるで無知だったが、いくつかの施設を訪問している間に、妻の病状と妻の性格に合うような施設の発見は殆ど不可能であることを思い知らされた。施設そのものが如何に近代化された建物でも、ビジネス以外の何ものでもないところに、病気の妻を託する気にはなれなかったのである。

　その頃から私には、絵の制作以外に方々から講演をたのまれるようになっていた。それは必ずしも生長の家関係とは限らなかったが、絵の仕事と両立させることは、さほどむずかしいとは思われなかった。しかし、妻の病状のことを考えると必ずしも楽しいものとは思われない困難が発生して来たのである。

遊馬正画伯

　妻の脳梗塞があって一年程たったあと、私は飛田給練成道場で久しぶりに十日間の一般練成を受けてみた。一つには妻の病気の快癒を祈るために、また、日頃の自分の反省のためでもあって、東京にいる娘に十日間の留守をたのみ出かけたのである。勿論妻は練成会なるものをよく知っていたし、自身もそれを経験もし、また、生長の家も充分理解していたのであったが、妻の病気はそれらのことを一切忘れさせていたのである。

練成会を受けて帰った私は、妻の険悪な表情を見た時、何をどうすべきか、何があったのか、何も見出せないまま、ただ瞑目合掌するだけであった。妻は自分の夫が十日間もどこに行っていたのか全くわからないまま、不安におののいたのである。妻の思考力の衰えと記憶喪失症がはっきりしたのはこの時だった。

その頃から自分にとって絵の仕事の持つ本当の意味とは何であったかを深く考えざるを得ない状況に追いつめられていた。絵は確かに自分の仕事であることに変わりはなかったが、妻を放擲《ほうてき》してまで進めるべきであろうか。たとえ稀代《きたい》の傑作を作り得たとしても、それが何であろう。また、妻を犠牲にして本当のものが生まれ得ようか。そのことで自分の人生の大きな岐路にさしかかっているのをしみじみ感じはじめていたのである。

自分のライフへの大きな反省であった。今私が具体的になすべき第一のものは何であろうか。人生はいつでもどこでも今何を第一になすべきかを問いつめられているのに気がつかない場合が多い。それをはっきり意識しないことが、その人のライフの確立を不確かなものにしていると思われる。

私は祈りに祈った。自分の活路を見出したかったのである。八方ふさがりでも天だけは開いていると聞く。私にとって「天」とは何であったか。

ある朝、いつもの通り神想観をし、聖経を読誦し『真理の吟唱』を静かに読んでいた。それは「愛」について書かれた項で「真に相手の魂の向上のために、何をしてあげようかと考え始めるとき、真の愛が目覚めはじめたのである」と。(171頁)

私はこの言葉に釘付けになった。電流などという遅いものではない。結婚生活六十年の歳月が一気に体を貫いていったのである。妻は何を真に望んでいたのか。あるべき姿をどう描いていたのか。六十年間ついぞ考えても見なかった妻への愛の第一歩に近づいたのである。

と突然「妻はいつも夫と一緒にいたいのだ。行動を共にしたいのだ」という声を聞いた。その時私には絵の仕事もその他一切のこともまるでかすんで見えた。

私はこれからの生涯を妻と一緒に行動しよう。一切の事は妻と行動を共にすることからはじめようと決意した自分を見出したとき、はじめて天はあいていると悟ったのである。

神想観も聖経読誦も絵を描くときも講演会に出かけるときもレストランへ食事にゆくときも、勿論飛田給練成会への出講や参加するときにも、全く同じステップで確実に実行に移していった。このことがあってから妻の脳梗塞は心なしか次第に快方に向かっていくのが眼に見えはじめた。

必ずよくなると確信を深めている自分が何ともうれしいのである。たとえ妻の病気が完全に良くならなくとも、一緒に行動することは妻への最も深い愛念となって来ている。「愛」への深い考察は、人間にとって最高の美であることは言うまでもあるまい。素晴らしい文芸作品も絵画も音楽も、人を感動させる演説も、その背景に愛がなければ空無にすぎない。

『続 真理の吟唱』を読み進んでゆくうち「〝愛する〟その極点が礼拝である」(119頁)という項に更なる感動を覚え「吾が妻観音光の君よ」と或る誌友が妻を礼拝するにあた

って常に唱えていたという事をかつて聞いた事があったが、この言葉は私にとって今から到達すべき心境の極地をさし示して下さっているものと感じて、有難く涙する思いで拝受するのである。

不幸と思われる妻の病気のおかげで掛け替えのない妻への「愛」の第一歩を踏み出すことが出来たことを深く感謝するしだいであります。

徳久先生との出会い

思えば、画家を志してニューヨークに渡ったのは一九六一年のことであり、ようやく画商に認められてプロの画家として独立し、永住権を取得して家族をニューヨークに招いて生活を始めたのは、渡米後五年の歳月を経てからのことであった。伸び盛りの子供達との五年間のブランクは、家族との生活にかなり深い溝を作っていたのは当然のことであった。

もしこの時「生長の家」にふれる機会を得ていなかったならば、現在の私と家族達の運命は、全く異なったものになっていたにちがいない。私はまことに幸いにして、徳久克己先生のご講話をニューヨークで拝聴し、そのとき（一九六六年）以来什一会員となり、画家としても家庭人としても、家族全員の運命も、一転して幸運に支えられることになっていったのである。

よい絵は家庭生活の調和から生まれることは理解していたが、どのようにしたら本当の調和が生まれるかを知らない自分であった。

「言葉の力」がその原動力にあるとは夢想だにしなかったのである。また神想観、聖経読誦、先祖供養等に人生を左右する鍵がひそんでいる等、到底想像を絶したものであったが、その時以来『生命の實相』をむさぼるように読み、真理を求めていったことは当然のことであった。徳久先生に直接絵を観てもらう機会を得て、暗い生活から脱出することにより、絵も暗い絵から明快なものに移っていったのである。

以来三十余年、ニューヨークを中心として、ロスアンゼルス、サンフランシスコ、テキサス、ヨーロッパはスイス、ドイツ、ロンドン、また日本等で個展を中心として発表し、活動を展開してきた。そして六年半前、七十四歳の時に、日本に帰国したが、仕事は益々大きく発展し、二〇〇一年一月には東京国際フォーラムにて、二月には米国フロリダ・パームビーチで、又四月には日本橋三越本店にて個展をし、十一月にはニューヨーク・ワーリーフィンレー画廊にて一ヵ月の大個展ということになった。

私は今、八十歳になったが、八十代の夢を確実につかむチャンスを迎えようとしている。嬉しいことだ。楽しいことだ。八十歳台に突入することが、こんなに希望に満ちた夢の世界であるとは夢想だにしなかったのである。

私は、常識的な意味においては特に才能の画家とは思っていないし、また人一倍努力してきたとも思っていない。唯ただ生長の家人として素直に生活し、絵を描いて来たに過ぎない。

おそらくニューヨーク個展後は、シカゴかロンドンまで発展してゆくだろう。まさに八十歳台はバラ色を思わせる前途となろう。

ありがとうございます。

人生の危機から画家への道が開かれる

神奈川県　岡﨑達郎
解説　熊本　司

たくさんの問題を解決するために

飛田給「神性開発一般練成会」に参加させて頂き本当に感謝の気持ちでいっぱいであります。諸先生方、道場員の方々、そして共に練成会に参加された方々に、大変お世話になりました。

私はこの練成会に参加する前は、自分だけでは解決できない問題を多く背負ってまいりました。それは平成十二年に始まっていた夫婦の不調和という、これまでの人生で最大の問題でありました。私はもはや離婚の二字しか考えられず、自分本位の答えを求めて足を運んだのが平成十二年八月の一般練成会でした。その私に熊本講師は「奥さんと子供さんの幸せを祈ることができなければあなたは幸せにはなりませんよ」とたった一言いってくださいました。その後、夫婦の別居、失業、母の他界さまざまな出来事が続き、何とか解決したい、自分の気持ちをすっきりしたいと、そんな考えをもっておりました。しかし実際に練成会の行事に参加してわかったことは、「自分には多くの問題があり、これらを何とか解決せねば」という自分自身をしばる心があることでした。「問題だ、問題だ」と思うことが問題であることに気づきました。つまり、自分本位の解決を求める心があったのがわかったのです。こうして行事に一所懸命な気持ちで参加させて頂いていることが、とても嬉しく、とても有難いことであり、問題だと感じていた心は神様に全て預けて、ただ一心不乱に行じてゆくことが、最も大切なことであると感じました。それは、行じることで何か結果を求めるのではなく、ただひたすら行じる喜びを感じてゆくことが大切なのだと思います。

この練成会に参加して先生方及び、皆さんに教えて頂いた素晴らしいたくさんのみ教えがあります。これらのみ教えを、家庭に社会に戻った時に、いかに生活の中に実践してゆけるか、また現在自分に与えられていることに、いかに感謝してゆけるか、ということがとても重要であります。更に、生長の家の真理を「三正行」の実践も含めて、どこまで深く明快に勉強してゆけるかということを、まず自分の使命として取り組んでゆく決意であります。そして自分自身を明るくすること（毎日必ず笑いの練習を行ないます）、自分をとりまくすべての人達（主に妻と子）に幸せを与える努力をすること、そして神奈川教区の練成会に参加し生長の家の真理の勉強を続けてゆくうちに、私の人生における本当の使命、天分というものが見えてくると信じます。

今回「一般練成会」に参加させて頂き、この飛田給の素晴らしさを実感することが出来ました。まず飛田給ならではの「浄心行」「父母への感謝誦行」「先祖供養祭」、相手の実相を祈ることの素晴らしさを教えて頂いた「祈り合いの神想観」、天皇陛下の御徳及び日本国への愛を深く感じた「多摩・武蔵野御陵参拝」。本当にこの飛田給道場は、私にとってかけがえのない場所〝魂のふるさと〟になりました。

これから新たに始まる生活が、自分にとって思い通りの環境であるかどうかが問題ではないのです。その目に見えてくるものは、ただの現象でしかない。ただひたすら、本来ある素晴らしい〝実相の世界〟を観てゆこうとする心を持ち続けることこそが、最も大切なことであると教えて頂きました。

岡崎さんは「一般練成会」受講後、「能力開発セミナー」にも参加され、新たな感動を感想文にのこされていますので、次にご紹介いたします。

新たな人生への模索

「一般練成会」に続いての参加で、「能力開発セミナー」もスムーズに受けさせて頂くことが出来ました。このセミナーは、もっと企業人向けのものであると思い込んでおりましたが、受講してみまして、内容においても、雰囲気においても大きなへだたりがあったわけでもなく、「一般練成会」の復習のつもりで受けさせて頂くことができました。

岡崎達郎さんと長男政晴君

特に、立教の歩み（ビデオ研修）、神想観の基本からの練習、阪田総務の「唯神実相の世界」の講義などは、とてもよい復習をさせて頂きましたし、また新たな発見も多く、とても大きな意義がありました。また「浄心行」では、「一般練成会」とは異なり、楽な気持ちで受けさせて頂きましたが、心の奥深く溜まった様々なマイナスの感情の記載においては、色々なことが新たに自分自身の中から浮き上がってきたことに、意外な感じを受けました。一度だけ「浄心行」を受けただけではすべて心の中のものが浄化されるのではなく、短い期間でも、知らず知らずのうちに積み重なる思いがあり、すぐに完全に取り除くことができるとは限らないということがわかりました。続けることが大事だと思いました。

またこのセミナーにおいては、「一般練成会」では聴講することのできなかった、企業で働かれている、または、携わっておられるゲスト講師の方々のお話を伺うことができました。

私は本年三月まで七年間会社勤務をしておりましたので、話して下さる内容を身近に感じることが出来ました。本田先生は、妻として母として家庭を支えながらマクドナルドで勤務し、そして生長の家の活動もされているという女性の立場での、大変明るく楽しいお話でした。また男性の立場として中西先生がお話してくださいましたが、戦争経験者であり、日本の高度経済成長を支え、力強く人生を歩んでこられた経験を通したエネルギッシュな話を聞くことができました。

これから自宅に戻って、自分の人生の新たなスタートとなりますが、こちらで学んだことを決して無駄にしないように、生活に大いに生かしてまいりたいと思います。そして身の回りの人、多くの人達を幸福にできるよう、お役に立てるような生き方をしてまいりたいと思います。その為にはもっともっと勉強してゆかねばなりません。常に向上意欲をもって、感謝の気持ちを決して忘れず、明るい心をもつこと、自他一体の自覚(他の人の幸福を自分のことのように喜ぶ)を生活の中で継続してゆく必要があります。まず第一に本年中に『生命の實相』の全四十巻を読ませていただくこと、神奈川教区の「青年会」に所属し活動を開始すること、この二つの事を決意いたします。

〝画家への道〟が開かれる

私にとりまして、昨年から今年にかけては、自分の人生にとってとても大きな転機の時となりました。家庭内においては、結婚して六年になった妻と夫婦不調和となり離婚をするしないといった話が出るほどであり、仕事においても家庭内の問題の影響を受けてか、七年間勤めた会社にも、喜びが感じられなくなったことで、三月に退職することになりました。そんな不安定な流れをうけてか、私の実母が五月二十三日に肺炎が原因により、他界することにもなってしまいました。

いろんなことがございましたが、神様の導きにより六月の飛田給の「一般練成会」「能力開発セミナー」と、つづけて参加させて頂くことができました。この飛田給の練成会というのは、私が十一年前に初めて「生長の家」の御教えにふれた、たいへん思い出深いところであり、自分自身、原点に帰って参加することができました。参加するにあたっての主な課題の一つとして、仕事を今後どうするか、自分が今後どうしていったらよいのかさっぱりわかりませんでした。

「一般練成会」では、改めて御先祖様、父母、妻子への感謝を深めることができ、ただひたすらに行じることの尊さと喜びを感じることができました。

「能力開発セミナー」の参加の際は「一般練成会」とは違い、仕事についての取り組み方、考え方を学ぶことができ、諸先生方のお話しは、大変参考になりました。そして、阪田総務の講話の中で、「神様どうか、神様の御心にかないますところの多くの人々を幸せにできる、良きアイディアを我に与えたまえ」という自分の天分、天職を求めるという祈りを教えて頂き、私は時間さえあれば祈りの間に行き祈っていました。

私は、練成期間中、道場に飾られていた二つの大きな油絵をいつも立ちどまって、しみじみ見ておりました。とても引きつけられるものを感じておりました。というのは、私は以前、絵が好きで美術大学を受験していたことがあり、その時は、希望の大学に行けずに、それきり絵をやめてしまっていた経緯があったのですが、その絵を見るたびに、自分の中に眠っていた「絵心」が甦《よみがえ》ってくるのがよくわかりました。

描かれていた絵の内容は、まるで「実相世界」を表現しているかのような調和された世界が感じられました。私の理想とする表現がそこに描かれていました。私はこのような絵を描きたい。何とかこの画家の先生に会いたい。話を聞いてみたいと強く思いました。私は、自分の気持ちを熊本先生にお話しして、この画家の先生に、会わせて欲しい、紹介していただきたいと申し上げたところ、この先生はアメリカと日本を行き来しておられるから、今現在どうしておられるかわからないとのことでした。

私は時間さえあれば「祈りの間」に行き、阪田総務から教わった、「天職を求める祈り」をつづけておりました。しばらくすると、熊本先生より少々、興奮気味な様子で呼び出され、話を聞いてみると、何と私の会いたがっていた画家の遊馬先生が、翌七月の練成会に何年かぶりで参加されるとの連絡が遊馬先生ご自身からあったとのことでありました。私は思わずびっくりしてしまい「こんなこともあるんだ」とあらためて、生長の家の御教えに感動いたしました。

そして翌月の七月七日ついに私は、念願でありました画家の遊馬正先生とめぐり会うことができました。そして絵についての多くのアドバイス、また絵に対する心構えなど、ごく基本的なことでありますが、大事なことを学びました。先生の勧めにより、平成十三年十月十九日より原宿の本部で開催される「生光展」に私の描いた絵を出品することになりました。出品作品は、五月二十三日に永眠した、母の絵を描きました。すると審査の結果、私の描いた絵が奨励賞を受賞することができたとの知らせを、審査員の方からいただくことができました。この受賞は私にとって大きな励みとなりました。この頃は夫婦不調和の問題はすっかりと解決し、妻子と一年ぶりに暮らし始め、正式に再出発することができました。私は今、真剣に画家になる決意を固め日々、一所懸命絵を描いております。来年には、個展を開催したいと計画しております。妻もこんな私でありますが、ついて来てくれると言ってくれました。

今現在、常に背水の陣をしいているという気持ちに変わりはなく、毎日が必死であります。何とか良い画家に絶対なるんだという、一念で頑張っております。

私が遊馬先生からいただいた、大切にしているお言葉があります。それは、「画家として成功する秘訣は、才能ではなく、まず女性の誘惑に負けない強い意志をもつこと。そして何といっても、家族の力であるとのこと。家族の存在が良い絵を描かせ、良い仕事をさせる」と教えていただきました。

私は、この「生長の家」のお蔭により、人生の師匠とめぐり逢うことができ、また家族と気持ちを新たに出直すことができましたことに、ただただ感謝あるのみでございます。私の将来の夢は、遊馬先生のようにアメリカを舞台に活躍できる画家になることです。この生長の家のみ教えをこの絵に置き換えて人類光明化運動の役割を担うことです。

「体験発表」は生涯の誇り

平成十四年の「特別練成会」において、生長の家総裁谷口清超先生のみ前にて、「体験発表」をさせていただけるという大役をおおせくださり誠にありがとうございました。

今回のこの「体験発表」は私自身にとりまして、大変意義のあることであり、今後「生長の家」の信徒として生きてゆく上でも、また絵の活動を続けてゆく上でも大きな励みであり、誇りとして生涯忘れることの出来ない日となりました。

「体験発表」の前日、私は極度の緊張した状況にありました。体験発表者の一人として命ぜられたのは丁度三週間前のこと。期間はあまり沢山あるとは言えませんでしたが、「体験発表」の原稿の作成も思ったよりもスムーズに出来、十日前より練習も続けてきており、不安なく当日を迎えられるはずでした。しかし、覚えたはずの発表内容も前日から当日の朝に限ってスムーズに言葉として出てこない、思い出せない、といった現象が起こりました。精神的にも動揺が起こり、本番を目前に全く自信がなくなってしまったのです。「上手く発表できなかったらどうしよう。遊馬先生に申し訳ない」などとマイナスのことばかりを考えるようになりました。

「体験発表」へ向け「聖経」二百巻読誦

わたくしは今回の七月七日の「体験発表」にむけ、ある取り組みをしておりました。それは、亡くした実母と流産児に対し、「聖経」二百巻読誦をするということでした。発表当日の朝、残りの八巻の「聖経読誦」に打ち込みました。頭の中は「体験発表」の不安で一杯でありましたが、「聖経読誦」に集中し、母と流産児の為に祈りました。「特別練成会」の始まる直前に〝聖経二百巻読誦〟を達成できました。

七月七日の朝は大変すばらしい天気となっており、ふり注がれて来る日差しが飛田給道場を、そして私自身を祝してくれているように感じました。不安がなくなったわけではありませんが、この際すべてを神様にお任せしようという気持ちになりました。上手《うま》く話そうとするのではなく、話したい内容の情景を流れに沿って思い浮かべることができれば、自ずと皆様には伝わるであろうと、その事だけを意識しようと思いました。そして私は〝神の子〟であるということ、聞いて下さる皆様もまた〝神の子〟であり、この素晴らしい舞台は神様が私達を通して実現して下さったものなのだ、そして私の発表は私がするのではない、神様が私を通して皆様に何かをお伝えするのだと思いました。〝自分が〟という考えを持っている時は苦しかったのですが、神様がするのだという気持ちになった時、重荷でなくなりました。そして神様の御心にかなう発表内容であるならば聞いて下さる、少しでも多くの方のお役に立てる、喜んでいただける発表となりますように、という思いになりました。

神様が私を通してお伝えする

発表本番、神様に全托いたしました。「実相額」に手を合わせた時に「谷口雅春先生、輝子先生、このような場にお使い下さりありがとうございます」と申し上げました。壇上に上がり、皆様を見た時、あまりの人の多さに改めて驚きましたが、皆様は素晴らしい〝神の子〟であるから大丈夫、と自分の心に語り、発表に入りました。発表中は夢中でした。必死でした。何が何だかよくわかりませんでしたが、皆様にも後押ししていただき、精一杯の発表をさせて頂くことができました。私に「生長の家」を伝えてくれた父母も喜んでくれていると思います。谷口清超先生ありがとうございました。

岡崎達郎さんが「飛田給練成会」へおいでになり、初めてお会いしたのは、平成十二年八月の「一般練成会」でした。その時の岡崎さんは「離婚の危機」と失業という人生の転機を迎えておられました。職をなくした岡崎さんは、飛田給道場の玄関ロビーの階段に掲げてあった遊馬正画伯の絵に、魂が揺さぶられたのでした。かつて美術大学を目指して、画家への夢を描いたことがあり、遊馬画伯の明るい光輝く絵に魅了された岡崎さんに、絵心が忽然と湧き上がって来たのでした。そして、遊馬画伯との出会いによって、画家への志は確固としたものになったのでした。それからは、「生光展」への出品、「個展」の開催と、岡崎さんの人生は一変いたしました。

勿論、家庭は調和し、天国となりました。そして、現在は介護の仕事に就きながら、画家として一人立ちする〝人生の夢の実現〟へ向けての猛烈な修業の日々が始まったのでした。

不良少年から日本一を目指す社長業へ

神奈川県　櫻本則男

解説　赤井　博

　櫻本則男さんは、現在、株式会社マックスシステムズの社長（青年実業家）として活躍されています。自ら、いろんな体験・経験をしてこられましたが、生長の家の御教えにふれ、娘さんと二人で練成会に参加することにより、親子の心の絆が深まり運命が好転していった。

　今では、毎月必ず〝魂のふるさと飛田給〟に帰って来て練成会に参加されています。

　また、生長の家能力開発センター東京・飛田給研修所が開催する「経営トップセミナー」「能力開発セミナー」に社員を派遣され、人材育成と会社の発展、繁栄に力を注いでおられる。そして会社は社長を育てるために創ったそうです。

ところで、私が、最初に櫻本さんに会った時は、人相の悪いあっちの方の人なのか思いました。また、櫻本さんが言うには、私から何度か注意されたり、叱られた事があるそうですが、私には、全然その記憶がなく、それよりも、今の櫻本さんは、和顔、愛語、賛嘆を実践されている素晴らしい方です。

次に櫻本則男さんの体験を紹介します。

不良少年としての社会へのスタート

私は愛媛県大洲市で布団屋を営む両親のもとに、六人兄姉の末っ子として昭和二十五年に生まれ、何不自由なく育てられましたが、高校へ入学しても、すぐに喧嘩をして、謹慎処分を受け、さらに重なって退学処分となりました。母親は高校だけはどうしても出るようにと言われ、大阪の私立の高校に入ることになりました。しかし、授業が苦痛でたまらず、結局二年に上がったときに自分でやめてしまいました。その時も半期分の授業料を持ったまま、家出したようなとんでもない子供でした。

それでも四国の家に帰り、十九歳くらいまで家の手伝いをしていました。デザイン関係の学校に行きたいと言っても、どうせものにならないから行かなくていいと言われ、家の商売も結構忙しかったので、その手伝いをすることになりました。ただ手伝いとは名ばかりで、当時グループサウンズが流行していた頃で、バンドをやって、親元で遊んでいたというのが実情でした。

十九歳の夏、帰省していた友達にくっついて、東京に遊びに出たのです。二、三ヵ月遊ぶつもりで出てきたのです。

東京に来た翌日から、渋谷の先輩のところでアルバイトを始め、年内はと考えていましたが、母親が具合が悪くなって一時田舎に帰りました。そこで成人式を迎えて、また東京に出てきました。(五月に母親は他界しました)

その頃は目的などなく、ただ東京に出てきたいという程度の動機でした。デザイン関係の仕事に憧れは持っていましたが、ぼんやりとした夢でしかありませんでした。当時、原宿にセントラルアパートという大きいビルがあり、ヤマモト・カンサイさんとかデザイナー、カメラマンなどクリエイティブな人がいらっしゃって、そのビルの中にある、ある会社に就職できました。原宿が丁度生まれ変わる頃で、マーケティングの仕事とは名ばかりの、いい加減な営業でしたが、仲間がユニークでいい連中だったので、三年間ただ面白おかしく過ごしていました。

起業

それでも時には「これでいいんだろうか」と思って悩むこともあるけれども、いい考えが出てこない。「田舎へ帰ろうか」なとも思ったのですが、ふと、自分でやろうと決意、渋谷で小さな事務所を構えていた友人がいて、相談したらデスクを貸してあげるから一緒にやらないかと言ってくれて、そこで一つのデスクと電話一台での創業（二十四歳）となりました。

それから十一年間は順風満帆でした。当初の仕事は旅行のチケットの販売でした。社員、アルバイトを募集し、売り上げも上がりすぐ軌道に乗りました。また服飾関係でも原宿で服飾メーカーから仕入れたものを、友達の関係で埼玉等の県庁へ持って行って、県庁でイベント形式で販売をさせてもらったりして、仕事は順調にいきました。

一年後には青山学院のそばの高級マンションに事務所を構えて、とりあえず子供の時の夢は叶える事が出来、有頂天でした。

二十七歳位から広告制作会社として丸井さんとか当時ミドリ屋とかありましたが、そういうところのイベント関係など手がけられるようになりました。そうすると、博報堂とか電通などから仕事が来るようになり、三十歳の時には、「キャンパスBGM」というフリーペーパーを創刊、それがまた馬鹿当たりしたり、当時のニチイ（現ビブレ）のイベントをやったり、東海汽船の客船一隻を丸々借り切って、それを洋上ディスコにしてしまうなど、テレビ局がスポンサーにつくようなイベントもやるほどになりました。

その頃はいい仕事をやっていたなと思いますが、そこで真面目にやっていればよかったのですが、高級車を乗り回して、原宿、六本木で遊び回り、ちょっとした青年実業家気取りでした。フリーペーパーの広告が集まらなくても出すといった調子で、気がついたときには莫大な借金を抱えていました。

失業と離婚

三十一歳で十歳年下の女性と結婚をし、世田谷で新婚生活を始めましたが、派手で見栄っ張りな生活でした。私は関東には親戚がなく、保証人はほとんど妻の父親に頼んでいました。義父は大手石油会社の重役でした。

今考えれば放漫経営で、うまくいくと自分の手柄、失敗すると人のせい、そんな性格で、借り入れ資金も無鉄砲なことをしていましたので、国の資金も借りていましたが、ノンバンクなど、金利の高いお金を結構借りていましたので、それが雪ダルマ式に膨れて、最後は自転車操業で金利を払っているような状態でした。結局最後は保証人になってくれた義父のところへ行くわけで、三十五歳のとき、長女（麻純）が生まれる前に、「これ以上やっても大変なことになるから、もう閉めなさい」と言われ、会社を閉めることになりました。

失業して、子供も出来るしということで、妻の実家にお世話になることになり、就職先を見つけて就職しても、精神的につらくてつらくて、あるのは借金だけ。最後はやくざが義父の所へ来るような状況で、義父も危ない借金は片付けてくれたのですが、不安ばかりの毎日です。先が全く見えない、これからどうなるんだろう、そんな気持ちで仕事をしていました。
再就職先は自社ゴルフ会員券の販売だったのですが、そこは同じような人が集まっていました。私が一番若くて三十五歳、年齢も様々でしたが、借金の額も様々で、百億という借金を抱えた人もいました。一億二億はざらで、仕事が終わるとマージャンと酒、私も家に帰るのがつらい気持ちがありましたので、帰らない日が多い。酔ったとき義兄に暴力を振るうなど、とんでもない人間でした。義父が「一時期でいいから離婚してほしい」と言って、離婚となり、会社を閉めて、子供が生まれて、離婚ということを数ヵ月間で経験しました。

み教えに触れる

そのころ、『成功哲学』という本を先輩に薦められて、それを一所懸命読んでいました。精神的なよりどころがそれしかなかったのです。もう一回なんとかしなければいけない、そんな気持ちでした。会社にその本を読んでいる人がいまして、その人が、谢世輝先生の本『信念は実現する』を読んでご覧と云われ、それを読んでいたら、この教えは日本にもあると書いてあり、「生長の家」と書いてありました。

当時の会社は千代田区永田町で、すぐ電話で「生長の家」を調べて、その人と二人ですぐに原宿の生長の家本部へ行ったのですが、三階で何かやっているような立て札が出ていましたので、勝手に上がっていって入ったら、「ああ、これはだめだ。ヤバイよね。帰ろう」と、そのまま帰ってしまいました。

その時、なんとなく本を四冊位買って帰ったのです。当時の神誌、「精神科学」などを買って帰ったら、これはすごいことが書いてあるなと思い、それを毎日むさぼるように読みました。毎月本だけは買いに行き、三年間そうして読み続けました。

読み始めて二ヵ月目に『生命の實相』を買って読んだら、薬に頼るから体が弱くなると書いてある。それまで私は、毎日ボトル半分くらい呑んでいて、すごく胃が悪かったのです。医者には、四十位には死ぬよと言われていました。毎日胃薬を飲んでいたのが、『生命の實相』を読んで、薬をやめた瞬間に治りました。これはすごいなと思いました。「神想観」の真似事もしたのですが、怖いのですぐやめました。

友達の奥さんが結核だということを聞いたら、この本を読みなさいと薦めていました。

そんなことをしても、「でも俺はやらないよ」と、抵抗していました。書いてあることは分かる、すごいが入信だとか、そういうことには絶対ふれない、そう決めていました。

バブルの波に乗って

仕事のゴルフ会員券は七百万と結構高かったのですが、今までの友達の紹介で、買っていただく方が多かったのです。やはり紹介で、大手不動産会社の常務を紹介していただき、そこの役員さんみんなに買っていただいたのですが、最後に紹介してもらった部長に、「お前、うちの役員に何を売ってるんだ。そんな紙切れを売って。そんなもん、オープンしなかったらどうするんだ」「責任取ります」「取れる訳無いだろう。ふざけたことばかり言ってるんじゃない。お前、うちの会社に来い。会社つぶしたときの社員いるだろう。六人位連れて来い」

という事でその会社に入社する事になり、営業部に配属され、社員を連れて行ったら一つ課を作っていただいて、課長という待遇で働くことになりました。世の中がバブルの走りの頃でしたから、大変な勢いの頃で、どんどん物件も売れるし順風満帆で、社宅も用意してくれました。さあ、これからという時でしたが、離婚したときに、子供の親権をとっていまして、大阪の姉に預けていたのです。その姉から、

「子供がしゃべりだしたよ。どうするの」

「近い将来連れに行くから」

「それは困る。もうしゃべり始めて、うちの人のことをお父さんと呼んでるよ。置いとくんだったら、このまま置いといて。いずれ引き取るんだったら、今連れて行って」

今と言われても、何もない状態でしたが、とにかく今連れて行かないと、そのまま置いとけと言うのだから、もうしょうがないということになり、一歳の子供を連れてきました。連れて帰ったら、大変でした。会社も行けないから退職することになり、社宅は半年位置いてもらう事ができたのですが、それも出なくてはいけない。一歳の子供と「二人で、どうして生きるか？」必死で考えました。マンションの管理人か、クリーニングの取次店をやろうと思い、考えているうちにお金がなくなり、仕方がないから、友達の父親の所有するマンションに入れてもらっていました。そのころ世の中はバブル景気で、今まで売っていたお客さんの物件が二倍、三倍に膨れ上がって、「売り時です、

売らせてください」と頼むと、「任すよ君に」と言ってくれる人が沢山いて、一件売却すると、百万から三百万くらい手数料が入ってきますから、すぐに販売会社を作らなければならない事になり、バブルの勢いで売れ続ける。自社で物件を買って、仕入れ値に三割乗せて、数ヵ月間で売る。結局その仕事で前の借金を全額返したのです。

今入信しなければ

今度は自社で数千万の物件を買って転売する、私生活でも金遣いがまた荒くなる。段々額が大きくなってきていましたが、次第に何でも売れるという時代とは様子が変わってきていました。その頃、いろんなことで悩んでいました。そろそろ入信しなきゃだめかなという気もしていました。ある日、テレビをつけたらニュースが流れ、昭和天皇が崩御されたということで、「あっ！　今ここで信仰にふれよう、今、信仰にふれなければ一生信仰にふれることはできない」なぜかそう思ったのです。

それですぐ生長の家本部に電話をして相愛会を聞き、そのころ川崎の麻生区にいまして、そこの相愛会に電話をしたところ、「すぐに会いましょう」と言われ、すぐに行き、そこで入信をし、そうして三ヵ月くらいの時、何かの研修があって一緒に、飛田給道場に連れてきていただいたのです。驚きました。道場の若手の方が、大きな声で「有難うございます」とか「ワッハッハ」とやっておられて、「すっげえなぁ」と思いました。

それから毎月、伝道練成に来るようになり、その頃私はヒマはあってもお金がなかったので、一番参加費の安い「伝道練成会」に度々参加するようになりました。

初めて伝道練成会に参加した時、笑いの練習を通して〝本当の喜び〟を感じ感動されたそうです。伝道は、一軒一軒の家庭を訪問し、相手の実相は「神の子」であると観、その家庭を祝福、礼拝する菩薩行です。この伝道を通して、すべての人々の幸福を祈り、また感謝行を通して天地一切の人・物・事に感謝され、今の櫻本さんがあるのだと思います。

最初は笑えなかったのですが、すぐ笑えるようになりまして、「じゃあ、ここで笑いの一番になろう」と目標を立て、一所懸命笑いのトレーニングをしました。それで一番になったり、「聖経千巻読誦」など行じていると、飛田給道場に来ている間に、持っている物件が勝手に売れるのです。最後には、これはだめだろうと思っていた一億円近い物件が、これは絶対売れないだろうと思っていたのですが、これも売れたのです。二年くらい抱えていて、毎月金利だけで大変だったのですが、これが売れたのは奇蹟だと思いました。単純ですね。とりあえず、神の存在をお金で理解しました。

そこでもう、こんな「マネーゲーム的な仕事」はやめようと思いました。前は一億弱の借金でしたので何とかできましたが、マルが一つ違ったら、もう浮上できないと思って、子供のためにも、地に足のついた仕事をしようと決意しました。

やりきれない気持ちの中で

この頃再婚もしましたが、子供ができないうちはよかったのですが第二子が生まれる頃うまくいかなくなって、また周りに迷惑をかけてしまいました。

二度目の離婚をして、娘の麻純と二人だけの生活に戻り、子供は幼稚園に通っていたので、時間が自由になる「便利屋」を始めました。換気扇の掃除から始まり、そのほかいろいろな仕事がやってきました。午前中に仕事をし、子供が幼稚園から帰ってから、子供と一緒に宣伝のチラシをポストに配って歩きました。何億という仕事をしているときよりも、わずかのお金の仕事ですが、やはり子供と一緒にいるのはうれしかったですね。換気扇を掃除するときや引越しなど、子供も一緒に連れて行っていました。

しかし、やりきれない気持ちも出てきて、まだ自分の失敗を世間のせい、人のせいにしていて、真面目になりたい気持ちとは裏腹に酒を飲んだりすると必ず悪酔いして、周りに迷惑をかけていました。

信仰の方は、「長期練成」を希望しましたが、子供が一緒だから出来ないと言われました。それで、一時は道場の近所に住もうかなと思った時期もありました。

平成二年の「新春練成」にきた時、ヤオハンの和田一夫さんが講演されまして、「来年香港に行くんですよ」という講話をされていました。「えーっ、こんな人いるの」という気持ちで聞いていました。私の周りは、金、女、車、ゴルフ、そんな話ばかりでしたので、「えーっ、すごいなあ」と感激しました。

その頃、道場の図書販売部の阿部さんから、或る流通業の社長さんの「体験談」のテープを頂いたのです。飛田給で「長期練成」を受けて、ゼロから会社を立ち上げ、小さなお店から当時二十店舗くらいに大きくした内容のテープで、「すごいなあ、俺もできるだろう！」、そう思いました。練成に来て、小さな店舗から始めようと思ったけれども、頭ばかり先走って、全然うまくいかないのです。それでまた生活と心がグチャグチャになりました。練成に来ていても、私は態度がだんだん悪くなり、部屋で酒を飲んで暴力をふるったり、人に借金をしたりで、当時の吉田総務に怒られました。「あんたなんか来るところじゃない！」と。実際だめな自分に嫌気が差していました。この時ご迷惑をかけた方、借金をしたままの方には申し訳なく、連絡取れ次第謝りたいと思っています。それから八年間道場へは来なかった（来られなかった）のです。

川崎の麻生区のアパートも逃げるように引越ししたのもこの頃で、練成会にも行けず、住まいも無くなり、友人のところへ居候をしたりで、新宿でビジネスホテル住まいしたことがありました。クリスマスを子供と新宿で迎えて、イルミネーションが綺麗だったことを憶えています。二月まで、子供はそこから川崎の小学校に通っていました。

その事で学校に呼び出され、以前、飛田給から子供が学校に通ったときには何も言われませんでしたが、さすがに新宿のホテルから通ったら、「お父さん、何考えているんですか」と怒られました。このままではだめになると言われ、川崎市の里親制度で一般の家庭に子供を預かって貰う事になり、「一年で必ず迎えに来るから」と子供と約束して別れ、私は友人の縁で横浜へ来る事になり、京急線の黄金町の駅前のビルの四階（三十坪）を家賃だけで借りることが出来ました。結局、横浜でも便利屋を立ち上げました。掃除、引越しなどなんでもやる。今回は社員、アルバイトを十名位採用し、大手ピザ屋チェーン店から大量のメニュー配布の仕事が舞い込み、月間何十万部の大口の仕事も入ってきたりで、何とか食べる事ができるようになりました。子供を預けて二年経ちましたが、五年生から子供を引き取る事が出来、その時から掃除、洗濯、家事一切を子供がやってくれるようになり、健気《けなげ》に生きる子供の生き方から学ぶ事が多くなり、子供のほうが簡単に潜在意識に教えが入ることが解かりました。私もこの頃から心に描いた事が、スムーズにできる事、言葉の力で何でもできる事を体感する様になった。四十七歳にして「やれば何でも出来る」事にやっと確信がもてる様になりました。「何で俺は自分を半信半疑で生きてきたんだろう」と深く反省するまでに、「生長の家」のみ教えにふれ十二年が経っていました。

櫻本則男さん

また飛田給へ

子供が中学に進んだとき、子供の将来を考えた末、尊敬される父親を目指し、十年後二十年後の価値ある自分の未来に挑戦をする為、全く経験のないIT業界に一営業社員としてある会社に入社出来ました。そしてとんとん拍子で営業でトップクラスになり、独立ができ、飛田給の練成会にこられる様になったのです。

八年間、道場に来なかったのですが、不思議ですね。二年前、営業で道場の近くへたまたま来たことがあるのです。前を通ったら、建物を改装しているから、「あっ！」と思いました。練成に来ていた頃が懐かしく、当時投函箱があり、「建替えのときは、成功して一億円寄付します」と書いて箱に入れたよねと思い出したのです。それが二月でしたが、それから飛田給道場が気になり始めました。

五月にきっかけがあり、独立する事になり、六月に「短期練成」に参加させて頂き感激しました。これから二年間、「毎月参加する事と、感謝行だけは一所懸命やる」この事をその時決意しました。感謝行は朝は十五分ですが、一所懸命に大声を出して感謝行をやるとかなりのエネルギーを使うのです。その分講義中よく寝ました。今月で練成に参加し始めて、早いもので丸二年が経ちました、途中訳があって数ヶ月休んだこともありましたが。本当に飛田給練成道場の諸先生、職員の皆様、長期研修生の方々にはお世話になり感謝いたしております。

当初二年間の目標でしたが、ここは本当に〝魂のふるさと〟です。毎月帰って来る事に決意しました。

五十歳で夢の実現

仕事の話を少し詳しく書きます。今から五年前、三十五歳までしか募集していない会社に、図々しく電話をかけて、「四十八歳なんですが使ってくれませんか」と電話したら、「いいですよ」ということになり、面接に行ったら採用されました。そこは働いてる人がみんな若かったですね、課の先輩が二十四、二十七、三十一歳です。そんな子供の様な連中に、「おまえー!」なんて言われてアゴで使われていましたが、その時はもう自分に自信を持っていましたので、いやな事を言われても、「お前ら、半年したら抜くからな!」と思って必死で仕事をやりました。案の定、簡単に抜けました。その会社はNTTの日本一の販売店で、今年店頭公開もしました。毎月結果だけで評価され、毎月昇格でき、そこで通常の人間が三年かかるポジションを私は半年でやりとげました。本当に、必死でした‼ 世はITの時代で、会社は波に乗っていたのですが、私はパソコンのパの字も分からなかったのですが、一年間は通信技術やパソコンを必死で勉強しました。全国に二百五十名の営業がいる中、常にトップを走り、部下も全国コンテストで日本一にしました。二年間必死でやってたら、お誘いがあったので二年前に独立できました。少し迷いはありました。このまま五年位で役員くらいまでは行くだろう、ストックオプションもあるし、一財産位はできるぞ、でも、このままずっといても悪くはないが、同期も上司もみんな若く、十年後に私の居る場所はないと思ったのです。その頃、ヤオハンの和田さんが久々にテレビに出られ、IT業界にいらっしゃるということで、私も社長になっていればまた会えるかなと、そのくらいのことで独立を決めました。
新しい会社を創る時も、コンセプトは全て「飛田給練成道場」で教わった事をベースにし、社是は「「愛」・・・夢と感謝」としました。

自分なりの事業スタイル　Cell division150-From-○

私は二十代の頃は人前で笑えない人間でした。眉間に筋が入っていまして、狼みたいな顔をしていました。仲間内では笑えるのですが、大勢人がいたり、年輩の人がいたりすると足がすくんでしまって笑えないのです。そんなところでは話しているうちに自分で何をしゃべっていいか分からなくなって、表情が硬くなる人間だったのです。「生長の家」で笑うことを教えてもらって、「笑い」は私の財産になりました。「感謝行」と「スマイル」、これが生長の家でトレーニングしていただいたものです。

現在、私は営業に行っても、ものを売ってくるという意識はないのです。お客様の必要とする情報を手土産に、あとはスマイルと讃嘆、それで気に入っていただけるのです。

会社の研修は、スマイルアカデミーを第一火曜日にやり、他に「般若心経」をパソコンに入力する練習を通して、ブラインドタイピングの練習とかイメージトレーニングができるようにしています。第三火曜日に中西里彦先生に来ていただいて指導していただいています。人材育成と売上は思った通りにはならず、資金繰りも毎月大変ですが、売上がどうこうというより、我々が成長した結果として売上に繋がり、人間としての社員教育が大切であると思っています。最初から社長を育てる為の会社を創ってるわけですから、私の指導は厳しいらしい……です。新人を予備知識のないまま、いきなり「飛田給」に連れてきたりですから。やっと私の考えを理解して、「生長の家」を真剣に勉強してくれる「人財」が数名育ち、二年目にしてやっと育成システムが出来つつあります。

新しい形のフランチャイズ、のれん分けシステムを創り、五年で社員を百五十名、年商三十億円を当初の目標に、やっと準備が出来たな、というところです。参考に弊社の「Cell division150 計画」がヴィジュアルテーマですが、この意味は Cell division（細胞分裂）は分蘖から From-◯ は信徒行持要目の二項目の「そのままの心」、そのままは零なり、一切なり、◯《ゼロ》なり、円満なり、無限供給なり……から来ています。

生長の家と子供に救われた

子供はお蔭様で、素直な子に育ってくれました。子供と一緒に「飛田給練成道場」へ来ていましたから、道場のお蔭です。子供は素直にみ教えが入っているのですね、小学校二年くらいから、「お父さん、マラソンでもトレーニングすれば一位になれるよね」とか言い、三歳くらいからうまく描いていた絵が、小学校ではいつも表彰されたりしていました。これは私が小さい頃から誉めまくった結果です。生命保険会社のポスターにもなったり、国からの表彰もありました。

私の事情で、小学校三年、四年は他所に預けたのですが、五年で戻ってきて、その時ちょっといじめにあっていましたが、中学校に入ると生徒会長になると宣言して、三年生で生徒会長になり、子供国会が三年に一度あるのですが、国会議事堂へ神奈川代表として参加したりしました。

私の都合でいろいろありましたが、しっかりした積極的な子に育ってくれました。「お父さん良かったね」と私をほめてくれるときは、いつも、最後に、「生長の家のおかげだね」と、子供にいつも言われています。練成会へ行く時でも、私が、「今日どうしようかな」なんて言うと、「そう言ってのばすからいけないんだから、行ったほうがいいよ」と言ってくれます。

この子が十歳くらいの頃から「一人の人間」として尊敬する様にしていますが、最近は、「こいつすごいなぁ」と考えさせられる事がしばしばです。私の人生振り返りますと、同じ失敗を二度も繰り返し、一番大事にしなくてはいけない人を巻き込んで迷惑のかけ放題。今後二度と同じ轍《てつ》を踏まないためにも、神の子の自覚の下に自分を信じ、常に人のお役に立つことを信条とし生活しています。「飛田給練成道場」は本当に「生長の家」のみ教えを学ぶ場であり、それを実生活に生かす為のトレーニングの場であります。本当に感謝しております。

過去の体験・経験は〇（ゼロ）でなく、無駄ではなく、無限供給を生み出す〇（マル）であったのです。五年後には、社員を百五十名、年商三十億を目標に、「当たり前の事を特別熱心にしかも徹底的にやり続ける」を行動指針に打ち出し、社長及び社員一人一人が大きな夢をもち、益々発展を続けておられます。

五十歳で看護婦になり夢が実現

埼玉県　新本妙子
解説　熊本　司

私が生まれたのは日本の最南端、沖縄県の沖縄本島からさらに南西へ離れた海と空のきれいな石垣島でした。

戦前、石垣島には小学校しかありませんでした。どこの親も子供の教育には熱心で、子供が小学校を卒業すると、沖縄の中心地、那覇にある上級学校へと行かせてくれます。同級生、親しい友達、妹も上級学校へ合格し、喜んで行きました。

でも私は不合格で、上級学校へは行くことは出来ませんでした。でもそれが、後に世界最高の真理の大学、「飛田給練成道場」へと結び付けてくれましたし、あの激しかった戦争を生きのびることができたのです。

父は、私が看護婦養成所に入所することを決め、手続きをしてくれました。

私は、行くところもないので、イヤイヤながら看護婦養成所で勉強することにしました。上級学校へ行った友達、妹がうらやましかった。負けてなるものか、今度こそ合格するんだと、一所懸命勉強しました。

沖縄県施行の看護婦試験に見事合格し、昭和十八年看護婦免許証を頂きましたが、うれしいことはありませんでした。

当時は、戦時中で、空襲が日に日に激しくなり、死の恐怖におびえていて、生きていく希望もありませんでした。石垣島も空襲が激しく、あっちに避難、こっちに避難で食べ物もないし、山の中に避難すると、マラリヤにかかって死ぬ人も多かった。マラリヤにかかると、寒くて、寒くていくら布団をかぶっても寒くてたまりませんでした。

眼の前に爆弾が落ちたり、直撃を受けて人が死んだりしました。南の島なので芋だけは出来ますので、月明かりの中で苗を植えて、まだ育たない小さな芋ばかり食べていました。

激しい戦争を身近に経験し、ついに終戦となりましたが、上級学校へ行った人は、殆ど沖縄戦の犠牲者となり、あの世へ旅立って行きました。沖縄にはアメリカ軍が上陸して、多くの人が戦闘に巻き込まれて死んだのです。四、五人くらい生き延びた人がいましたが、壕《ごう》の中に避難して、爆弾にやられても薬もなく、その傷口にウジが涌き、壕から出ようとするとバラバラと機関銃で撃たれ、大変だったと言っていました。友達とも、妹とも二度と会うことは出来ず、悲しいことでした。心が暗く、悲しいことばかりでした。

戦後、私は「生長の家の神様」に出会ったのです。それまで台湾に行っていた人たちが引き揚げて来られました。近くに天理教の教会があり、そこで台湾から引き揚げて来た人が、生長の家の先生だったのか、生長の家のお話をしてくださいました。私はこのお話にひかれ、これがいいのじゃないかなとお話を聞いていました。心が明るくなり、神様の道を勉強するのが私の人生だと思うようになったのです。私も上級学校に合格していたら、あの世に行くところだった。神様が、あなたの行くところではないと、不合格にしてくださったのだと思い、東京へ行きたい、東京へ行って真理の勉強をしたい、そう何時《いつ》も念じていました。昭和二十三年、見合い結婚でしたが、戦前は東京にいた人で、東京にいた人がいいよと言って結婚しましたが、本当に来ることになったのです。

「思う念力、岩をも通す」長い間の念願が叶えられ、昭和四十七年、本土復帰後、家族と共に那覇から埼玉県に引越して来ました。下の妹が結婚して埼玉に住んでいたので、それを頼って出てきたのです。それで東京のこともよく分からない、誰も知らないから生長の家のことも「飛田給練成道場」も分からないでいました。

ある日、電車に乗っていて、その頃の小さな生長の家の本を読んでいたら、年配の奥さんが私のところへ寄って来て、

「あなた、生長の家ですか」と言われますので、

「はい」と言うと、

「今日は飛田給で講習会があるから、券があるから行きましょう!」

誘ってくださって、それ以来、うれしくて、飛田給への道順も覚えて通って来るようになりました。神様はどこにもいらっしゃるのだなぁと思うとうれしくて、それから毎月通いました。

飛田給では、素晴らしい先生方の真理のご講話に感動するばかり、「夢を描け」「女性

の天分は愛であり、太陽である」「受ける愛より与える愛へ」……。

そういうお話を聞きながら、フト思ったことは、看護婦になりたい、看護婦になって、病める人に愛を与えたい、親切なやさしい看護婦になりたい、そんな夢が生まれたのです。

昭和五十年ごろは、東京、埼玉は看護婦不足の時代で、埼玉県庁の衛生課では、看護婦の免許を持ちながら仕事をしていない潜在看護婦の募集をしており、そのための講習会がありました。看護婦になりたい一心で、看護について色々とお勉強をさせていただきました。

就職するには、まず免許証持参、免許証の書き換え、色々とお世話してくださるのです。私が昭和十八年にいただいた看護婦免許証は、激しい戦争中も不思議と私の荷物の中に眠っていて、なくなっていませんでした。免許証をなくした友達は就職できなかったのです。古びた看護婦

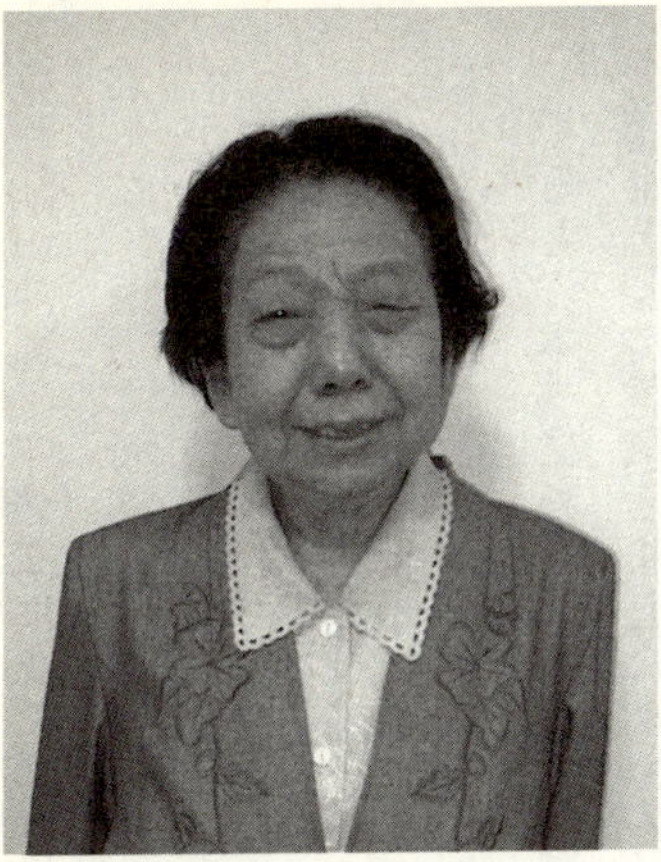
新本妙子さん

免許証が沖縄県庁の衛生課で書き換えられて、送られてきました。真新しい免許証を手にして、うれしくて、うれしくて、これで看護婦になれると思いましたが、仕事には自信がありません。私には技術もなく、ペーパーだけの看護婦で、仕事が出来ません。がっかりしました。

「飛田給練成道場」では、個人面談があり、色々とご指導くださいました。「あなたを本当に必要とする職場は必ずあるんですよ」と力づけて下さいました。そう思い、信じて祈ると、本当に私を必要とする職場がありました。精神病院でした。免許証持参で、看護婦として就職しました。男の子だけ六人育てて、五十歳にしてはじめての就職でした。心は十八歳。私は愛深い笑顔の美しい白衣の天使であると、自分に言い聞かせて、患者さんに接し、お勉強させていただきました。

一般の病院では、医者や看護婦は神様として拝まれますが、精神科では逆で、暴言、暴力、重症患者は保護室へ入れられる。医者も、格子戸の前で、「頼むから静かにしてよ」と頭を下げることもあります。私達もどなられる時もあります。

しかし、長年患者さんと顔をあわせていると、情が湧いていとおしくなり、怖いことはありません。みんな同じ人間、神の子、仏の子、いい人ばかり、拝まずにはいられません。拝めば出てくる神、仏。患者さんからも、「看護婦さん、仕事はやめないで、さびしくなるから」と言われると、胸がジーンと熱くなります。精神科の患者さんは人が恋しいのです。家族が見舞いに来ても、家族となら外出も出来るので、家族と一緒に近くの喫茶店で楽しく話をする人もいますが、世間体を気にして、すぐに帰る人も多く、患者さんたちは私達と話をするのをとても喜んでいました。

婦長さんからは、

「あなたは、患者さんから何時も慕われてるねえ。やさしいねえ」

と、何時もおほめの言葉をいただいていました。

人を愛するために生まれたのです。この世に愛ほど尊いものはない。自分に害を与える者にも愛を与えよ。それが最高の愛であり、喜びであると、素晴らしい真理のお言葉、実相を観るお勉強です。人にはそれぞれ天職があります。職業はみんな素晴らしい。とくに看護するとは、愛を与えることである。白衣の天使、看護婦さん。私は二十年余り勤務し、感謝状まで頂きました。神様は私にも素晴らしい職業を与えて下さいました。

神様有難うございました。これからも人さまに喜びを与え、喜ばれる人生を送りたいと念じています。皆さんと共に素晴らしい真理を学び、幸せになり、人類光明化運動のために頑張ります。

新本妙子さんは、こよなく〝魂のふるさと・飛田給〟を愛しておられます。沖縄からご家族あげて埼玉へ移り住み、ずいぶん遅咲きでしたが、五十歳の頃、看護婦さんになられました。「飛田給道場」を心の拠りどころとして、患者さん方を神の子として礼拝しつつ、看護婦活動に七十八歳まで従事されました。患者さん方からも大変慕われたそうです。

新本さんは、この教えのおかげで看護婦にさせていただいたという感謝の心をご恩返しの想いで、飛田給道場へ多くの献資をなさっておられます。

新本さんの無我献身の信仰は私たちの信仰の鏡といえるでしょう。

神様の世界に就職難はなかった

茨城県　渡辺圀弘

私は両親が「生長の家」でしたので、子供の頃から「生長の家」には触れて居りました。飛田給練成道場へは、中学生練成会、高校生練成会等参加させて頂いたこともありましたが、その後なかなか練成に参加出来ずに居りました。平成十三年の新春練成会に家内と一緒に参加させていただき、翌十四年も念願かなって新年を家族全員、飛田給で迎えることが出来、本当に有難く嬉しく思って居ります。しかも家族揃って「新春練成会」を受けさせて頂き、我家にとって今年は素晴らしい年になったと確信いたしました。

もう十数年前になりますが、現在のこのコンビニが始まったばかりで、弟と一緒に立ち上げて一年程やらせていただいていました。一年たってある程度店が軌道に乗ったので、自分でやりたいことがありましたので、自分の資格を生かした仕事を探しました。その時の私の年齢が四十八歳でしたので、年齢的なことで思うような仕事がなかったのですが、たまたま新聞広告で見つけて応募したところ、ぜひ来てくださいということになったのが、賃貸の事業を専門にしている建築会社でした。

土地をお持ちのお客様に、賃貸の事業をお勧めし、そこに出来た建物に借りていただくお客様を斡旋する、そういう会社で、その中のテナント営業課という部門に居りました。この仕事は土地建物取引主任者という資格が必要な部門で、私はその資格を持っており、それを生かせる仕事ができると思って、この会社に就職したのです。

そこで九年勤めたのですが、どうしても上司とのトラブルがあり、それを許せなかったのか、頭の中ではそれを理解して許していたのですが、やはり許していなかったのでしょう、病気になったのです。

私には、前から潰瘍性大腸炎という病気があり、その建設会社に入る頃には治まっていたのですが、それがまた現象として現れたり、治まったりのくり返しで、病院の先生にも「もう大丈夫でしょう」と言われてはいたのですが、勤めがあまりにも激務で、朝早くから夜遅く、午前様ということもざらで、週休二日の休みもなかなか休めない、お客様最優先の仕事ですから、お客様があれば出て行くという仕事でした。

自分の実績をあげたいという気持ちもあり、実績は保てたのですが、上司によって、合う、合わないというのがどことなくあり、後から来られた上司は、まだ四十になったばかりの若い方で、仕事に厳しい人で、自分に出来ることは部下も出来なければならないと思っている人でした。その上司についていこうと自分なりに一所懸命努力をしたのですが、色々な仕事上の失敗もあり、その失敗を許してくれない上司でした。そういうことから精神的にストレスがたまり、自分ではそんなに悩んでもいないと思っていたのですが、そういうのがたまって、治っていたと思っていた病気が出てきたのです。下血はするし、ひどい状態になって、働けるという状態ではなくなったのです。

これでは、会社にも他の人にも迷惑をかけると思い、会社を辞める決意をしました。上司の方も、ちょっと言い過ぎたという気持ちもあったようで、「渡辺君、辞めないでくれよ、辞めないでくれよ」と、色々方法があるから、休暇をとるような形にも出来るからと色々と引き止めて下さったのですが、「いや、それでは迷惑をかけるだけですから、辞めさせて下さい」と言って、九年間勤めた仕事を辞めたのです。

それから三ヵ月間、練成会や、宇治別格本山の大祭のお手伝いなどに出かけました。体調のほうは、悪い状態が続いていましたが、不思議と前よりは良くなってしまいました。薬も飲まずにいたのですが、家に帰ったらまた少し悪くなりましたが、それも薬を飲むとすぐに治るという状態でした。

翌年の正月には、家族で飛田給の新春練成会に参加したいなあと、宇治にいる長女を除き、家族中で参加させていただきました。その翌年の新春練成会にも家族全員で参加させていただきました。練成のたびに体調はよくなり、今ではすっかり完治しました。

刺激物はだめとか言われていたのですが、たまに家族でビールを飲むとき、それほど飲むわけではないのですが、少し頂いたり、辛いものは食べ物の中に入っていたりしますが、それでも別に異状はなく、体のことは心配をしなくなりました。

宇治の大祭のお手伝いから帰ってくると、それまで勤めていた建設会社の上司から、「どうしても来てくれ」と言うのです。ただ、正式な社員としてではちょっと無理なんだけれども、嘱託という形で来てほしいと言われるので、ちょっと考えたのですが、このご時世でそこまで言っていただくのならと、「じゃあ、またお願いします」と、再び働くことになったのが五十八歳のときです。自分があんなに嫌っていた上司が、こんなにもして「また来てくれないか」と言ってくれたのは、びっくりもしたし、私にとって大変な感激でした。病気が理由で辞めたのは本当ですが、このままいても、この上司とはやっていけないなぁと思っていたのも正直なところです。その上司が声をかけてくれるということは、夢にも思っていませんでした。

仕事は、働く部署が変わって、週休二日の休みも取れるようになり、上司も、「きちっと休んでね」と、大事にしてくれました。今でも有難かったなと感謝しています。

嘱託というのは半年契約で、二回更新して、三回目の更新を迎えたときに、会社の方針として、嘱託は置かないということになったのだそうです。三回目の更新の届けを上司が出してくれたときに、本社からダメだ、会社の方針として出来ないという回答だったそうです。その上司は、どうしてもいないと困ると、本社の自分の知っているあらゆる上の部長や取締役に掛け合ってくれて、それでＯＫが出て、また半年仕事をすることになりました。

それからまた、次の半年の更新のとき、その上司が転勤になってしまったのです。後任の上司が来て、その上司もやはり手を尽くしてくれたのでしたが、会社の方針があり、前回に今回限りという約束があったと言って、契約打ち切りということになりました。

その上司も、いないと困ると言って、アルバイトという手があると、アルバイトで来てくれないかと、仲間からもなんとか残ってくれないかと言われたのですが、弟が一人で十三年間コンビニを頑張っていて、手がほしい、兄さん来てくれないかというので、会社のほうを断って、この四月からコンビニのほうをやることになりました。

会社は三月三十一日で辞めたのですが、四月一日に、転勤していったかつての上司から電話がかかってきて、「渡辺さん、やっぱり辞めるの」と言う。会社の方針でもあるし、アルバイトでというお話も頂いたんだけれども、やりたいこともあって、と言うと、その上司が、「おれが水戸にいれば、何とかできたのになあ」と、電話の向こうで涙をこぼしているのが分かるのです。その気持ちが伝わってきて、私も涙が止まりませんでした。

その上司は家族を水戸に残して単身で赴任しておられ、家庭のことでこちらに来るというときに、同僚達が一席設けそれに参加させていただきましたが、そのときも、「いやあ、今日は渡辺さんが来てくれるとは思ってもいなかったよ。今日は渡辺さんが来てくれてすごくうれしいよ」と言ってくれ、人は、観方を変えるとこうなるんだなということを教えてもらいました。

コンビニの仕事は、十年前はやっていたのですが、接客業務は、心から応対して、笑顔で「ありがとうございます」というのは基本で、これは変わりはないのですが、コンピューターが入ったり、色々複雑になっていて、新しい取り扱いがあったりとかしますので、そのトレーニングを受けながら、新しい気持ちでやっています。

なれない仕事で、最初は疲労感があったりしましたが、弟が気を使ってくれたり、また慣れてきて、仕事がきついということもありません。

弟は、これだけ忙しい店を、もう十三年一人でやってきてくれました。普通コンビニというのは、身内があって一緒にやるということでないと許可がおりないのです。家族

渡辺圀弘さん（右）と弟の昭通さん

ぐるみでやるという契約で、スタートの時点では私がいたからよかったのですが、一年ちょっとぐらいで私が抜けてしまったので、そのあと一人で頑張って、二十四時間三百六十五日の店を続けてくれていました。だから十三年間どこにも行っていない、その精神力はたいしたものだと思います。

私も六十歳、定年の歳になって、そのあともこうして神様はちゃんと仕事を用意しておいてくださったと、本当に感謝に耐えません。

不景気とか、就職難とかいう言葉が毎日使われているご時世ですが、私は、会社でもう辞めてくださいと言われたときも、その前に病気で辞めますと言ったときも、なんの心配もしていませんでした。大丈夫、神様がちゃんと道を開いていて下さるからと、全く心配をしたことはありません。

病気で会社を辞めたときも、宇治にいた長女は、「お父さんおめでとう！　よかったねえ」と言っていましたし、家族全員そんな風で、会社辞めてこれからどうしようというのでなく、おめでとうといってくれる家族です。お父さん、次の仕事大丈夫だからと応援してくれていましたが、すぐに前の会社から来てくれということになり、「ほら、お父さん言ったとおりでしょう」

嘱託をやめても、やはりこうしてちゃんと仕事の場が与えられる、やはり、神様の世界は何の心配もいらない世界だなあと思っています。

このコンビニの仕事というのは、毎日毎日、感謝誦行の出来る練成道場だなあと思っています。一緒に働いてくれている二十五、六人のパートさん、アルバイトさんたちも明るくて、弟の人柄がこうしていい人たちを呼ぶんだなと思っています。

一日千名以上も来られるお客様は、それぞれ個性のあるお客様で、そのお客様一人一人に対応していると、人を通して色々なことが見えてくることがあります。一人一人のお客様に、笑顔で、明るい声で接していくことが、お客様の心の中に少しでも明るい何ものかを差し上げることが出来たら有難いなあと思っています。

なかなか現代は、お客様からの反応が返ってこない時代でもあります。無言で来られて、品物を置いて、お金を払って、無言で帰っていかれる。そんな時代になっています。たまに、こちらが品物を渡して、「ありがとうございます」と笑顔で言うと、ニコッとしてくださる方があります。そうすると、ホッとします。皆さんよっぽどつらい仕事をしているのかなあ、楽しい仕事をしていないんだなあと思うと、自分は恵まれているなあと思い、そういう方々に少しでも明かりを点すことが出来れば、やりがいのある仕事だなあと思います。そういうことを目指して、弟もずっと従業員さんの教育をしてきていました。誠心誠意、お客様に尽くす、まさに私にとって練成道場です。自分が仕事をして喜べるかどうかということは、人に喜びを与えられるかどうかということだと思っています。それが社会的に貢献できるということだと思います。

こうして、神様に守られてやりがいのある仕事を楽しくさせていただいていますが、子供達もお蔭さまでそれぞれに合った仕事に就かせていただいています。

長男はそれまで原子力関係の仕事をしていましたが、事故などもあって危険な仕事なので本人も辞めたいと言うので、じゃあ辞めたらとその仕事を辞めたのでした。しばらくはこういう時代なので再就職は出来ませんでしたが、「大丈夫だよ、自分にふさわしい仕事が必ずあるから」と言っていました。先日私の休みの日に、面接があるというので、送って行きましたら、面接を終わって、仕事着を抱えて出てきました。「何なのそれ」と言ったら、「明日から来てくれだって」そうして行き始めたのですが、本人も大変気に入ったみたいです。農機具の販売や修理をやる会社で、四、五月は田植え前で休みはないよと言われて、実際今休みはないのですが、生き生きとして仕事をしています。自分に向いた、合った仕事というのはこういうものなんだなあと思っています。

宇治にいた娘も、私が飛田給の一回目の新春練成会をうけたあと、帰って来ましたが、最近、水戸市の芸術館というところに行くことが出来ました。美術の大学を出ていますから、そういうところで仕事がしたかったと喜んでいます。

その下の娘も美術が大好きで、芸大を目指していましたが、武蔵野美術大の通信制で勉強しながら、サンリオという会社でアルバイトをしています。サンリオという会社の社長さんが素晴らしい方で、この会社へ入ることを目指しているようです。

仕事に疲れた人がなんと多いのだろうと思いますが、家族みんなが自分の好きな仕事をさせていただくことの喜びを今かみしめています。

信仰で支える「感謝の経営・全員経営」

熊本県　本田雅裕

私が生長の家とのご縁をいただいて、すでに十五年になろうとしています。当時私は、熊本の本社から福岡支店への勤務を命ぜられ、生まれたばかりの長男と妻と三人で、居を福岡に移したばかりでした。

福岡の皆様とご縁を拡げようとの思いで入会しました「博多21の会」という経済人の集まりを、福岡の栄える会の会頭であった、〝お仏壇のはせがわ〟の長谷川裕一社長が主催されて居られました。すばらしく熱気のある会で、本当に「博多が好きだ!」という面々が集まり、アジアの未来、博多の将来を、国や行政に積極的に提言して居られました。

会に参加しているうちに、長谷川社長から「毎朝七時ごろから、うちの事務所で勉強会をやっているから来てみないか」とのお誘いをいただきました。それが生長の家の教えとの最初の出会いでした。

今思いますと、不思議と違和感がなく、神想観も『生命の實相』の輪読も、なにか懐かしいような心持ちで参加させていただきました。なぜそう感じたのか、振り返って考えてみますと、どうも私の父に遠因があるような気がいたします。

私の父も、現在八十二歳ですが、信仰心の篤《あつ》い経営者であり、創業者です。私の小さい頃から、毎朝毎晩、神棚やお仏壇の前で長々と坐って手を合わせておりました。いつもご先祖様に感謝、じいちゃん、ばあちゃんのお蔭、社員にもご先祖を大事にしなさい、受け取り方を変えれば、人は幸せになる、と話しておりました。

父は、生長の家にはご縁はありませんでしたが、戦争を体験し、戦後の混乱の中で事業を起こし、大変な苦労の中で、家族や社員を育て、その中で、人間どう生きるべきか、という信仰を体現して来たのだと思います。とても明るい老人です。

人には、色々な転機や節目があると思いますが、私が長谷川社長のお蔭で、生長の家のみ教えにご縁をいただいた折も、そういう時期でした。

東京から父の会社（現丸菱）に呼び戻され五年がたち、帝王学と言われ、父の元で財務や営業の各部署を一〜二年ずつ経験し、会社の仕組みや社風が少し理解できたかどうかの頃でした。当時専務であった伯父から、福岡支店に問題あり、至急支店長として赴任し、支店をまとめるようにと辞令が出ました。しかし、私にはとてもその任を実行する自信がありませんでした。三十人を越える、当社として最大の出先でもあり、また、その前に任された新設の部署で、私は張り切りすぎて部下の指導や仕事の進め方で大失敗をしていました。十人そこそこの部署でしたが、私のやり方についていけないと、社員が一人去り、二人去り、それでも気付かず、我を剥き出しの時期でした。

この痛手もあり、私自身がこのままではとても福岡支店の経営を担当は執行していくことなどできない、何とか自分自身を変え、社員のみんなが従いてきてくれる、父のようなリーダーシップが取れるように、成長するにはどうしたらよいか、とても思い悩んでいた時期でもありました。

「生徒の準備が出来た時に、先生が現れる」とよく言われるように、「今、経営の知識や技術を求める前に、人として堂々と生きるための真理を学びなさい」と神様にお繋ぎ頂いたのが生長の家の皆様とのご縁だったと、有難く思い、声をかけていただいた長谷川会頭には、今なお感謝の気持ちでいっぱいです。

私は平成十年の「経営トップセミナー」に参加させていただき、生命の実相の哲学に基づく経営の指針と、繁栄の黄金律を学び、大変感激致しました。そしてその後、飛田給へは「経営トップセミナー」「能力開発セミナー」への参加を毎回一人ずつ勧めております。役員から始まり、今では、部長職、課長職から係長くらいまでの役職者が順次参加させていただいて居ります。みんなの受け取り方は様々だと思いますし、またそれでいいと思って居ります。こうでなければいけない、といったことは伝えてはおりません。しかし、私達の家族が、幸せに、活き活きと生きることの真理を学べるよ、と送り出しております。

本田雅裕さん

やはり、私の生長の家へのご縁と同じように、「生徒の準備が出来たとき、先生が現れる」ようです。

セミナー最終日に両親への感謝で涙が止まらなかった社員や、日頃使っている言葉や想念の大切さ、妻への感謝、子供への向き合い方、仕事への思い、などなど様々な気付きと収穫を得させてもらっているようです。また、今後の長い人生の中で、様々な節目や転機の時に、神様に振り向き、祈らせていただくときに、生長の家の真理を紐解く時もあろうかと思います。

私は、父の後姿を見ていて、会社経営には信仰心が欠かせないと思っています。神頼みということではなく、神様に信頼していただけるような自浄努力の道筋を持つことが、経営者にも会社にも大変重要なことだと思います。

我が社は「全員経営」という考えで、全社員が経営者の意識をもち、自らが判断し、行動していく。活力と生きがい、やりがいの托せる会社、職場作りを目指しております。社員全員が成長していかないかぎりは、会社の事業領域も拡がりません。「感謝と前進」という当社の社是と、「お客様の繁栄の使徒」であるという使命感と、「人生無駄なものは何一つなし」という生長の家の真理が常に我々を導いてくれていると信じております。

すべてを癒す〝魂の故郷〟

栃木県　田村ミツ

飛田給「一般練成会」は十余年振りに参りました。まさに飛田給道場は〝魂の故郷〟すべてを癒して下さる「暖かな実家」という感じが致しました。先生方、職員、研修生、皆様一つとなって、私達練成会員が心地よく練成が受けられ、目的を達成出来るように、言葉の使い方からすべてに気をくばり、目をくばっておられる暖かな様子がよくわかり有難く思いました。

各練成道場にはそれぞれ特徴があるようですが、飛田給道場は玄関の御額の「神は愛なり」そのままの道場であると思います。本当に有難うございました。魂の故郷で神様につつまれ自らを反省し、明るく楽しく、少々のんびりと練成をうけることが出来ました。

私は乳癌という心身に大きな問題を持ってきたのです。成人病検査で乳癌の疑いがありと診断を受け、人間関係では今までの永い人生の中で経験したことのないほど心に痛手を受けて、胸はキリキリ痛み、心は悔しく悲しく、肉体の痛みは心が病んでいるからと学びながら、自分一人ではどうにもならなくて、飛田給練成道場へへ行こう、飛田給へ行けば必ず癒される、解決できる、そう思って来たのです。

「行の時間」の〝実相円満誦行〟の時、熊本先生の先導で一所懸命誦行させて頂きました。途中でふと三十八歳で亡くなった母を想い出しました。成人してから近所の方や知人に

「あなたは赤ちゃんの頃、とってもきれいで家族みんなに、蝶よ、花よ、と可愛がられて育てられたのよ」

と言われたことや、母が元気だった頃のことが種々と思い出されました。母がその様に育ててくれたのに、もし病気を進行させて私の身体にメスを入れるようになっては、申し訳ないと思い、親不孝な私に涙が溢れました。

私達子供の幸福を願って、「この本はいい本だから読んでみなさい」と『生命の實

相』を渡してくれた、子煩悩だった父を想い、申し訳ないと涙が溢れました。

父母のことを思うとなんとしても心身健康にならなければと思いました。「祈り合いの神想観」の時、父母に、家族に、まわりの人々に、心から感謝することが出来ました。祈ってくださる皆様の熱心な祈りが感じられ、身体が暖かくなり、リラックスした気分になり、本当に病気はない、と思いました。

練成会六日目に私の隣に坐られたTさんとお話をしているうちに、TさんもTさんのご主人も私の故郷のご出身であることがわかりました。Tさんは同じ故郷の人だからと、ご自分の体験を話して下さいました。

田村ミツさん

Tさんはストレスで肺癌になったこと、四ヵ月間飛田給の練成に通われ癒されたこと、普及誌を各家庭へ配布して行く伝道をやったあとがぐーんとよくなったことなど、治って行く過程などもお話しくださり、

「生長の家の信仰で治るのよ」

と自信に満ちた声で強くお話しくださったのでした。

Tさんとのこの不思議な巡り合わせに、ご先祖の父母、祖父母の愛をしみじみと感じ、涙が溢れて心から感謝しました。

飛田給の練成会からの帰路、G大学病院により、予約してあった精密検査を受けました。

それから数日後、受けた精密検査の結果の総合診断を受ける日がありました。なんと言われるかと待っていた私に、担当の先生は、

「まず、結果から言います。無罪放免です」

とにこやかなお顔でおっしゃってくださいました。

「有難うございます」

私は思わず、お辞儀をして言いました。

この体験で、病気は本当に心で創造《つく》るのだと思いました。そして心で癒すことも出来るのだと確信することが出来ました。これからの人生は生長の家のみ教えをしっかり行

じ一人でも多くの人に教えを伝え、ご恩返しをしたいと思います。

この尊い真理をお教えくださいました谷口雅春先生、輝子先生、本当に有難うございます。そして心からのご指導とお世話を下さいました先生方、道場の皆様、本当に有難うございました。

奇蹟の宝庫「聖経法供養」の意義と功徳

「聖経法供養」は飛田給道場だけで行なわれている、聖経読誦による希望成就の祈願です。「聖経法供養」の由来を谷口雅春先生が次のようにお書きくださっていますので、ご紹介します。(原文は正漢字旧かな)

《飛田給の新道場を『愛の道場』として、祈願をねがう者に無条件で、聖経の読誦供養をしたいと言われる。一も二もなく賛成である。実相の悟りに到る六つの道なる六波羅蜜の第一が布施である。布施には〝物供養《ぶつくよう》〟といって財物その他の物質を供養する布施と、荘厳《しょうごん》供養といって飛田給の新道場のような荘厳な雰囲気の道場、伽藍等を布施する荘厳供養と、真理を布施する法供養とがある。飛田給の新築のような、何ともいえない神々しい〝浄土現前〟とでもいうような荘厳な道場が出来ると、その雰囲気の力で人を魅きつけ大

衆を悟りに導き、その魂を救う機縁をつくることができるので、荘厳供養が非常に貴い布施行となるのである。（中略）
しかしどんなに立派な建物が建っても、そこへ参詣しても、真理を布施して貰えなかったら最終的に魂は得る処がないのであるから、真理の言葉である聖経を読誦する〝法供養〟がその道場に布施の中味をあたえるものとして大切なのである。仏教では古来、施餓鬼とか法事とかいって、真理のお経の読誦を供養する行事があったが、それは大抵、彼岸会とか他界者の命日とかに経文を読誦する行事であったが、この飛田給新道場に於ける聖経読誦の供養は生きている人間に真理を供養するのである。肉体は本来無であり、心の糸を組み合わせてつくられた〝人間の繭〟に過ぎないのであるから、肉体という繭を纏《まと》うていると、脱いでいるとに拘らず、真理の供養を受けるのは〝神の子〟なる本人の霊であるということである。そして聖経読誦によって真理の供養を受けるにしたがって、その人の実相たる〝神の子〟の完全さが尚一層完全に開顕されることになるのである。それで私は、この聖経の集団読誦は、

法供養であるから聖経法供養と名付けることにした。》

「聖経法供養」の功徳について、徳久克己先生が次のように書かれています。

聖経法供養の功徳

《私がブラジルに駐在していた時に、ブラジル人の教化のために、「写真や自分で署名した紙に、聖経をあげさしていただきましたら、多くの奇蹟がおこり、聖経の功徳を今さらのように教えられて、日本でも「多くの方々に、聖経を供養さしていただきたい」と谷口先生に申し上げましたところ、「聖経法供養」という名称をいただいたもので、今まで数多くの功徳が現れています。

自分で一所懸命に努力しているのに、どうもうまくゆかない時には、神に全託して「聖経法供養」をお受けになることです。神様の「無限の癒す力」が働いて、人間智でははかりしれない、すばらしい解決が得られます。》

次に、「聖経法供養」で救われた方々の喜びの声をご紹介します。

〝脳幹〟三分の二切断から奇蹟の生還

神奈川県　伊藤しづ子

今年一月十三日の夜、東京の病院より電話で夫が入院していると伝えられました。駆け付けてみると、口と鼻に何本もの管を通され、両手両足をベッドに結ばれて、集中治療室にいました。〝脳幹〟が三分の二切れていて、手術の出来ない部分なのだそうです。医師から、「この方の命は」という言葉は言わず、「どうしますか」と問われるのです。私の娘は泣きながら、「寝たきりでいいので、助けて下さい」と申しますと、医師は、両手で頭を抱えてしまわれました。

私は涙も出ず、「アーもうダメだ。夫は死んでしまう」との思いが一瞬脳裏を走りました。

翌日、飛田給道場の「聖経法供養」を申し込みに孫と二人で行きました。地元の白鳩支部の講師の先生には、「祈ることがあなたの仕事ですよ」と言われました。

医師から「呼吸器を付けないと呼吸が出来ないので、植物状態のままで、ずっと退院出来ないでしょう」と言われました。

その時自分自身と、娘に明言しました。「絶対、医師の言う通りにはならない」と。生長の家の神様に祈ろうと決心いたしました。飛田給道場の熊本講師に「神想観」の正しい実修法を教えて頂き、事の仔細を聞いて下さり最後に、「ご主人はあなたの思った通りになります」と言われました。思った通りとは治ると思えばいいのだ、「きっと治る!」と。それから神に全托して、明るい気持ちで過ごすことにしました。朝は三時より「神想観」をし、昼は、飛田給の「聖経法供養」で一日十三回〝聖経読誦〟して頂いているので、なるべく同じ時間にあわせて聖経読誦いたしました。夫はどんどん良くなっていき、言葉も出ず、身動きもできなかったのに、二週間のリハビリを経て、歩けるようになり退院出来ました。六十九日目に退院としていただいたのです。今では何一つ後遺症がなく以前と同じ生活をしています。

医師からは、「後二、三ミリ多く〝脳幹〟が切れていたら即死だった」と言われていました。まるで夢のようです。

「法供養」のお守りで救われる

神奈川県　宇城順子

七月二十日の朝五時半頃、警察より電話がかかり、「お宅の息子さんが近くの私鉄駅の始発電車に飛び込み、運よく二番前の連結部分にのっかかってホームのはしまで運ばれて、これから病院に運びますが、命に別条はないので心配はしないで下さい」とのことでした。

病院に着いて最初に面会しました時、主人が、「どうしたんだ」と聞きましたら、息子は一言「死にたくなった」と言っただけでした。そこで折れている足のレントゲン写真を見せてもらいました。それから集中治療室に運ばれて、また面会に行ってみましたら、今年の四月の短期練成会に参加させていただいた時の法供養の写真がベッドの枕もとにくくりつけられていて、ほんとに驚きました。守られたんだなーと思いました。さらに帰りがけに息子が、「電車にとびこんだら、ドアがあいてドアの中に飛びこんでしまったんだ…」というようなことをいいましたので「えーっ」とまたびっくりしてしまいました。こんなことがあるんでしょうか。走ってきた電車のドアがあいてその中に飛びこんでしまうなんて、しかもいつもはカギがかかってあるはずのドアが……。たまたまその日にかぎってカギをかけ忘れていたことも不思議なことでした。

病院で息子の状況を教えて頂いたあとで、おわびをするために駅へ行ってみました。とても恐縮しておわびに行ったのですが、かえって大変ですねと、あたたかい言葉をかけていただきました。

そして不思議なことに上半身はなんともなく、ただ足の骨が三ヶ所（左足大腿部と右足首と右足腓骨《ひこつ》）折れていただけなのです。カバンに入っていた、ヒゲそりやケースに入っていたメガネが使いものにならないくらいひん曲がってしまっていましたが、上半身はかすり傷ひとつないのが奇蹟的な出来事でした。

サイフに入っていた「法供養のお守り」のおかげと、本当に感謝申し上げます。ありがとうございました。

喜びの出産

長野県　宮尾真由美

この度、聖経法供養の祈願満願通知をいただきました。おかげ様で無事長女を自然分娩にて出産することができました。私、三十八歳にて初産でありましたが、同じ歳の友人たちが、みな帝王切開という手術にての出産の中で、自然分娩できたことは大変有難いことで、身体の回復も順調にすすみました。

宇宙大生命の親様、ご先祖様、父母、兄弟達、多くの方々の祈りと導きの中で、さらにこのようなたくさんの方々による聖経の読誦のおかげで子供を授かり、出産できたのだと思います。ありがとうございました。そして娘にも、本当に私たち夫婦のもとに生まれてきてくれてありがとうと心から感謝の気持ちでいっぱいです。

クルマ大破するもカスリ傷一つなし

新潟県　村山弘美

先日、今冬一番の大雪の日に長男が勤務先の中学校からの車での帰途、凍結してつるつるになった道の所でスリップし、田んぼの中にまっさかさまに落ちました。助手席はつぶれ車は大破しましたが、不思議と不安もなくふわふわと落ちた感じだったそうです。道路に通行人もなくカスリ傷一つおわず脱出できたことは、只々感謝の言葉につきるのみです。

長男のことは一年中法供養をお願いしておりますし、またこの長男も毎朝一所懸命行じております。ひとえに飛田給の法供養のお蔭と感謝合掌しております。

県営住宅に見事当選

神奈川県　岡部洋子（仮名）

お祈りして頂いた件、「県営住宅当選」本当に当選しました。

募集はただ一戸だけでした。それに娘が当選したことはまさに奇蹟です。素晴らしい神様からのプレゼントを頂きました。今回で二回目の法供養でしたが、その満願の日が来る前に当選の通知がありました。私も法供養の時間に合わせて聖経読誦しておりましたので、まさに、

「吾れ祈れば天地応え、
吾れ動けば宇宙動く」
を実感しております。

体験集「飛田給」一月号に、毎月法供養をお願いして十数回、遂に宅地建物取引主任者検定に合格されたとの体験を拝見して私も早速「毎月一回」法供養の申し込みを始めたところでした。それも二回目で願いを叶えて頂きました。本当にありがとうございました。

三つの願いがすべて成就する

福島県　畑山多美子

私は、七月十七日に聖経法供養をお願い致しました。

三つの祈願をお願い致しましたところ、三つとも全て成就致しました。

一つ目は、いとこに合った仕事が見つかりますようにとのお願いでしたが、一週間で仕事が見つかりました。

二つ目の夫のぎっくり腰が治りますようにとのお願いは、満願日の八月十七日には、すっかり良くなり、梨の収穫ができるようになりました。

三つ目の九月八日の「講習会」に十名以上お誘いすることが出来ますようにとのお願いは、私の家では梨を作っておりまして、「講習会」の日は、幸水（梨）の収穫が終わり、豊水（梨）の収穫が始まるかどうかという時期で、参加できないかも知れないと心配しましたが、「講習会」の四、五日前から涼しくなり、ちょうど「講習会」の日は、仕事が休みになり、家族皆で参加でき、ちょうど十名で参加することができました。

火傷の傷跡が残らず完治する

山梨県　小沢理佳

平成十二年の暮れに、当時十ヵ月だった娘がポットのレバーをいたずらして左足のカカトに火傷を負いました。

義母がすぐに冷やして病院に一緒に行ってくれましたが、こんな時代なので、虐待ではないかと思われはしないかとか、心が痛みました。

かなり火傷が深く、ひきつれのような傷が残ると思うと、お医者様には言われました。

実家の母が、聖経法供養を出してくれました。それでも私は一週間ほど眠れず、ただ祈り続けました。

すると、日に日に傷跡がうすく小さくなり、三ヵ月もするとまるで何事もなかったかのようにツルツルになっていました。たくさんの方が祈ってくださったからだと思っています。娘は二歳四ヵ月になりましたが、何処も火傷などしなかったような足です。本当にありがとうございました。

結婚成就　新居も決まる

千葉県　宍倉菜穂子

この度、一年程前に法供養に「結婚成就」をお願いいたしましたところ、お蔭さまで、その後すぐ素晴らしい方と出会い、一年間お付き合いさせて頂き、無事挙式致しました。また、つい先日、「新居（家賃が安くて、良い所）をお与え下さい」とお願いしましたところ、その後またすぐに、駅からも実家からも近くて、希望通りの広さで、南向きの貸家がタイミングよく見つかり、決まりました。

続けて色々と本当にありがとうございました。今後ともどうぞよろしくお導きくださいませ。

営業成績三部門で上位表彰

茨城県　小田義樹（仮名）

私は、金融機関に勤務しており、毎月欠かさず聖経法供養を「営業成績第一位」として祈願申し込みしておりましたところ、なんと三部門（①私が全店の課長の中で第一位。②部下が全店の得意先係の中から第一位と第二位。③店舗表彰で全店で第二位）にて上位表彰を受賞することができました。まさしく〝奇蹟〟としか思えないような内容です。聖経法供養のお蔭と心から感謝申し上げる次第です。引き続き申し込みさせていただきます。

子宮の異状が消える

京都府　黒田淳子

法供養に申し込みをするたび思うのですが、これにはとても不思議な力があり、申し込みをし、郵送してしばらくすると、今までとても悩み苦しんでいた事が心の中から消えてしまったり、思いが小さくなったりします。そして、お守りが送られて来る頃には、悩みがすっかり消えていたり、考え方が変わっていたりします。不思議なパワーを感じます。

今回、お礼を申し上げたいのは二つあります。

まず一つ目は、七歳の息子のおねしょです。三年ほど前から悩み、何度か法供養にお願いしましたが、すぐには止まりませんでした。でも何度か法供養に申し込みをしていたら、私の気持ちがおだやかになり、子供に対しても、おねしょをしても叱らなくなりました。広い心で子供に接することが出来るようになりました。そして最近あれほど毎日していたおねしょがピタリと止まりました。私はもちろん、本人もとても喜んで、もう大丈夫！と自信がついたようです。

それからもう一つは、私が先々月、子宮ガン検診を受けたところ再検査となり、精密検査をしてもらいましたら、子宮の一部に異状が見られ、夜も眠れないほど悩みました。すぐ法供養に申し込みました。そして朝晩に、どうか悪性のものではなく、一日も早く完治するよう手を合わせました。そして、先日再度病院で診て頂きましたら、異状の部分がほとんど消えてなくなっていました。

私はうれしくて思わず、「神様ありがとうございます」と、その場で手を合わせました。そして今日再度の検査結果が出たのですが、先生に、「大丈夫、治ってます」と言われました。私はもううれしくて、また神様にお礼を言って手を合わせました。いつも法供養には助けられています。

つぎつぎと嬉しいニュースが

福岡県　中山恵子（仮名）

先月末、満願を迎えました。妹の主人、その後も痛みはほとんどなくなったようです。また、四男の就職祈願の方も無事成就しました。大手の銀行より内定の通知を文書で頂きましたのでご報告いたします。

実は、先日面接が終わってすぐに、電話で内定と連絡がありましたが、文書で届くまで待ってほしいと息子が申しますので、報告が遅くなりました。

我家では、この他にもとても嬉しいニュースがありまして、二男と三男とにそれぞれ神の子さんが授かったようです。さらに二男は、大手自動車メーカーの記念式典で、それまでの研究が認められ、社長賞を頂きました。今秋にソウルで開かれる国際学会で、英語で発表するよう上司から指名されたとの事です。

これも神様、ご先祖様、講師、職員の方々、さらに練成会員の皆様がお祈りして下さったお蔭と、只々感謝の気持ちで一杯です。

御心に適った大学合格

福岡県　田中珠美

昨年の六月より法供養を続けさせていただきました。

息子は、第一希望にしておりました九州大学は不合格という結果に終わりましたが、お蔭さまで同じ国立大学の佐賀大学に合格し、現在は、バレー部にも入部し、元気に楽しく大学生活を送っています。

九州大学に不合格になりました時には、息子共々落胆しましたものの、後々考えますと、「これはきっと神さまが我家にとって最も良き大学をお与えくださった」ことと感謝いたしております。といいますのも、もし九州大学に合格しておりましたならば、しばらくの間は通学しておりましたでしょうが、やはり段々とそれも時間的な無理が生じ、「福岡の方で生活したい」と言い出していただろうと思います。そうなると、我家の経済状態では全く不可能なことでございます。

それに反し、佐賀の方は、主人の実家があり、父母の二人暮しでしたので、初孫である息子をそれはそれはとても可愛がってくれておりましたので、早速「一緒に暮らそう」と喜んでくれました。

そういう理由で今は佐賀の父母の家から自転車で通っております。食事のことも全く心配しないでよいし、我家を巣立っても安心して預けられ、本当にこれこそ神様のお導きだとありがたく感謝しております。

本当に数ヵ月の間、息子の為に祈ってくださった講師の先生、職員の方々、また練成会員の皆様に厚くお礼を申し上げます。

五輪ユースフェスティバル優勝

埼玉県　吉田寿美枝

この度、孫の法供養をお願いして居りました。

現在、孫は一月六日～一月二十五日の予定でオーストラリアへ合宿に行っていますが、一月九日～一月十二日短期の十八歳未満の競泳で、二種目優勝、この他にリレーで二位になったとか。十四日の夜、本人から電話が入って、なんだか今回はとても身体が軽くて自己ベストが出たのよ、水なめてみたら塩水に感じたなんて話していたそうです。

きっとこれも神様のお守り、又先生方、その他の皆々様のお蔭とつくづく感じさせて頂きました。

現在は、一月十七～一月二十三日迄の短期、年齢別の試合をしているはずです。本当に素晴らしい結果ありがとうございました。

天分に適った仕事が与えられる

埼玉県　古屋光枝

息子の就職の件で法供養をお願い致しました。

そうしましたら、ある会社に就職することができました。ところが一ヵ月くらいすると会社があまり業績が良くなく、将来が不安だからと言い出しました。せっかく就職出来てよかったなと思っていたのにと残念でした。

息子は仕事に行きながら履歴書を何遍か出しておりました。ことわられてもめげずに出しておりました。すると、前の会社を辞めて一日もあくことなく、現在の会社に就職させていただきました。なかなか正社員の採用がないのですが、三ヵ月見習い期間が過ぎると正社員として採用されます。

今までやってきた仕事の経験を生かせる仕事だと言って頑張って励んでおります。本当に天分に適った仕事が与えられたんだと喜んでいます。

今後は、この会社のために社会のお役に立つ仕事をして一生お世話になることを願っています。

兵庫県　大内照子

角界に入り十年、元気に活躍

合掌　ありがとうございます。

お蔭さまで皇司はまた幕内に戻らせていただきました。

今度は、燁司関《ようつかさ》が上に居られるので、気合を入れて頑張ってくれるのではと思っています。

五月四日に行われた総見のテレビ放送で、旭鷲山関《きょくしゅうざん》と申し合いで相撲をとっているところが映っていましたので、元気で稽古が出来ているなと安心しました。

角界に入って十年、一日だけの休みで来られたのは偏に法供養のお蔭と思っております。

今後ともどうぞよろしくお願い致します。

「聖経法供養」の申し込み方法

聖経法供養は病気快癒、精神治癒、入試合格、就職成就、良縁、安産祈願をはじめ、信仰の深化、その他どのような願い事でもお祈りいたします。

他界された方の供養はいたしておりません。

法供養をお受けになる方の顔写真を申込書（便箋でも可）に糊付けしてお送りください。（写真がなくても申し込み出来ます）

お送りいただいた写真は「誠魂お守り」として、誠心こめて一ヵ月間、一日十三回以上聖経を読誦致します。満願後「誠魂お守り」を返送致しますので、肌守りとして下さい。

自動車安全供養は、名称・プレートの登録ナンバーを記入して下さい。

お申し込みは現金書留、又は郵便小為替でお願い致します。

緊急の場合は、電話・ＦＡＸでお受けします。後日郵送ください。

奉納金はご随意です。

但し、自動車安全供養の場合は、お守り用の聖経を付けてお送りしますので、
奉納金は一台に付三千円以上です。

道場では、左記の通り聖経を読誦しています。

午前 4:20「甘露の法雨」
5:40「甘露の法雨」
8:00「天使の言葉」
9:00「続々甘露の法雨」
10:00「甘露の法雨」
11:00「天使の言葉」
午後 1:00「続々甘露の法雨」
2:00「甘露の法雨」
3:00「天使の言葉」
4:00「続々甘露の法雨」
6:30「天使の言葉」
8:00「甘露の法雨」
8:30「天使の言葉」

宗教法人生長の家本部練成道場の

行事のご案内

神性開発一般練成会

毎月1日～10日開催

（14時開会　昼食後解散）

神の“祈り”と“喜び”が溢れる喜びの「10日間」

“練成会”発祥の地飛田給で“神性開発”を！

光明実践練成会

毎月第2金・土・日開催

（19時開会　昼食後解散）

「生長の家」の教義の真髄を学び、実力向上を目指す真理の研鑽、神想観の習得、伝道実践で信仰の深化を！

神性開発短期練成会

毎月第3木・金・土・日開催

（14時開会　昼食後解散）

短期間であなたの“いのち”をリフレッシュ！

「唯神実相」の真理を学び、行ずる感動の「4日間」

新春練成会

12月31日～1月6日

（15時30分開会　昼食後解散）

“新しい年”を“魂のふるさと”で！

喜び満つる長寿練成会

永遠に老いることなき実りある与生を生きる！

女性のための練成会

女性としての“天分”と“生きがい”の発見！

《能力開発センター行事》

経営トップセミナー

『生命の實相』による唯一のセミナー

能力開発セミナー

自己内在の「無限能力」を開発する

（日程等は道場にお問い合わせください）

あなたの希望をかなえる！

聖経法供養

186頁をご覧下さい

宗教法人**生長の家本部練成道場**

〒182-0036　東京都調布市飛田給2-3-1

TEL 0424-84-1122　　FAX 0424-89-1174

ホームページ

http://www.sni-tobitakyu.or.jp/

E-mail

info@sni-tobitakyu.or.jp

交通のご案内

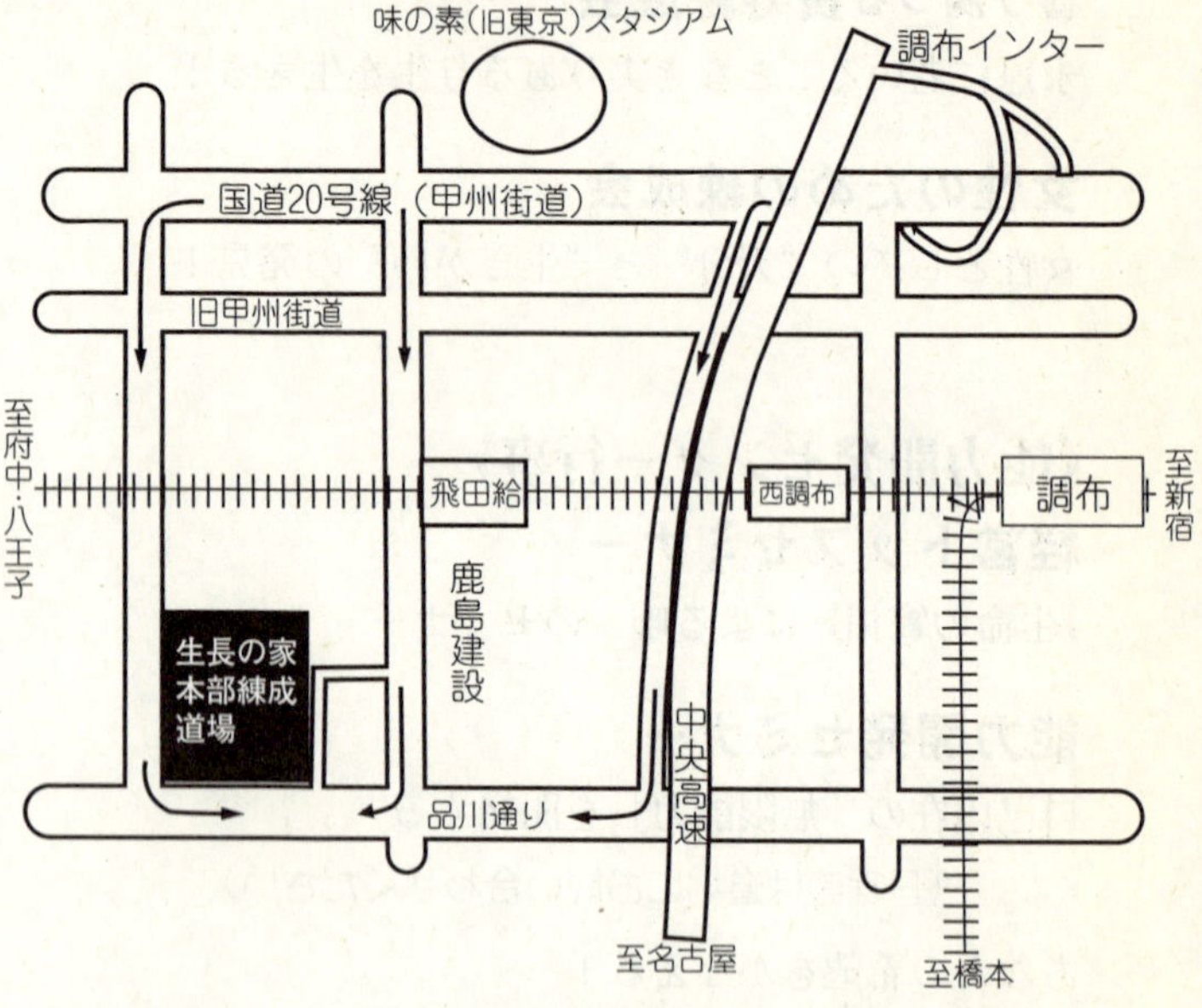

新宿駅から京王線（特急・準特急・急行）で調布駅へ。
調布駅から府中方面、各駅停車で二つ目の飛田給駅で下車。
南口から徒歩５分。
調布で乗り換えの際、「橋本」行きに乗らないようご注意ください。

夢《ゆめ》は必《かなら》ず実現《じつげん》する
練成会体験談集

発　行　　平成15年7月10日　初版発行

編　者　　生長《せいちょう》の家本部《いえほんぶ》練成道場《れんせいどうじょう》　〈検印省略〉
発行人　　岸　重人
発行所　　株式会社日本教文社
〒107-8674東京都港区赤坂9-6-44
電話 03(3401)9111（代表）
03(3401)9114（編集）
FAX 03(3401)9139（営業）
03(3401)9118（編集）

頒布所　　財団法人世界聖典普及協会
〒107-8691東京都港区赤坂9-6-33
電話 03(3403)1501（代表）
振替 00110-7-120549番
印刷・製本　　光明社
定価はカバーに表示してあります。
乱丁本・落丁本はお取り替えいたします。

ISBN4-531-06386-4